L'AGE DE DIEU

(*ANNUS DEI*)

6803-79 — CORBEIL. TYP. ET STÉR. CRÉTÉ

JULES BAISSAC

L'AGE DE DIEU

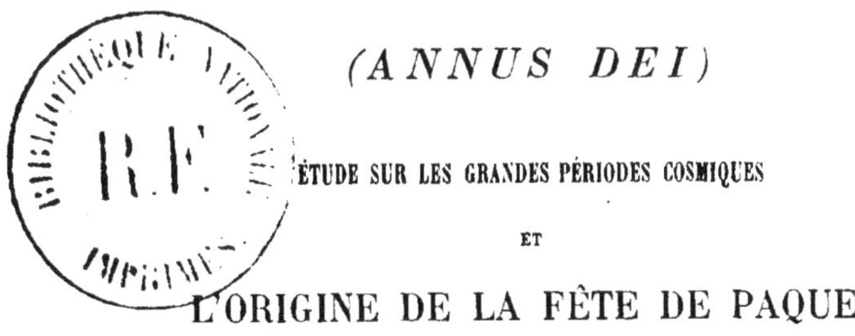

(ANNUS DEI)

ÉTUDE SUR LES GRANDES PÉRIODES COSMIQUES

ET

L'ORIGINE DE LA FÊTE DE PAQUES

Pour faire suite

AUX ORIGINES DE LA RELIGION

Du même Auteur

PARIS

MAURICE DREYFOUS, ÉDITEUR

13, RUE DU FAUBOURG-MONTMARTRE, 13

1879

A

M. LE GÉNÉRAL DE DIVISION GRESLEY

MINISTRE DE LA GUERRE

Ce n'est pas au Ministre que je prends la liberté d'offrir la dédicace de ce livre ; c'est au savant, à l'homme de hautes études, qui, au milieu de tant de graves occupations, sait trouver le temps de s'intéresser à des questions comme celle dont il s'agit ici. Je l'offre à l'esprit élevé, fin et délicat, que tout le monde connait, et, en le mettant sous ce patronage, j'ai la conviction que je lui concilierai la faveur du public.

Avec mon très respectueux attachement.

JULES BAISSAC.

PRÉFACE

L'ouvrage que j'offre ici au public devait former un chapitre de mon livre des *Origines de la Religion*. Mais, le sujet se développant à mesure que je l'élaborais et se compliquant de données astronomiques étrangères en partie à l'idée générale de ce même livre, j'ai dû l'en séparer. Au fond, comme le sous-titre le laisse entendre, ce n'est qu'un corollaire et une sorte d'illustration des *Origines*. J'établis, en effet, que la forme de principe générateur, prise dès le début de la pensée par l'idée générale de cause, a été aussi bien celle de l'origine et du développement des périodes cosmiques que de toutes les productions de la puissance divine. Une période de temps, qui était une vie de Dieu, fut conçue comme le résultat d'une « synousie », pour me servir d'une expression de Plutarque : ce fait ressortira clairement aux yeux de quiconque lira ce travail sans parti pris.

On m'a reproché de n'avoir vu partout, dans l'œuvre dite de la création telle que se l'étaient imaginée les premiers auteurs de cosmogonies religieuses, que des actes générateurs. Peu s'en est fallu que quelques-uns ne m'appliquassent les vers de Faydit sur Malebranche. Et pourtant dois-je confesser que je n'ai pas bien vu ? Sans être plus épris qu'il ne le faut de mes idées, je ne crois pas en conscience pouvoir faire cette concession à ceux dont je suis peut-être venu, avec mes aperçus nouveaux, contrarier les programmes ou déranger le siège. Aujourd'hui, comme à l'époque où ont paru mes deux volumes, je demeure persuadé que, lorsque l'idée de cause, s'abstrayant de celle de force, prit place dans les spéculations de la pensée, ce fut sous la forme concrète d'un engendrement qu'elle se posa. Les théories cosmogoniques des vieilles religions nous en ont fourni des preuves suffisantes. Si mon sujet l'eût comporté, j'aurais pu en donner d'autres, qui eussent, à mon sens, vaincu les dernières hésitations.

Avec un peu d'attention, on doit être frappé d'un fait philologique qui, en dehors de la spéculation dont il s'agit, demeure inexplicable. Ce fait, c'est l'application, dans le langage, des genres masculin et féminin à une infinité de mots qui ne désignent rien qu'on puisse qualifier de mâle ou de femelle. Il est bien évident que des genres de cette catégorie n'ont pu s'établir qu'en conséquence d'une opposition systématisée sous forme de rapports sexuels des idées ou de leurs représentants lexiques entre eux. Pour faire masculin ou féminin un mot auquel ne se rattache aucune idée réelle de sexe, il a bien fallu qu'on vît dans l'objet représenté par ce mot un mâle ou une femelle, ou tout au moins un rapport quelconque avec telle ou telle des attributions particulières à l'un ou l'autre de ces genres. Il fut un temps où, pour ceux de notre espèce, comme pour les peuples de nature aujourd'hui encore, tout avait vie, non seulement ce qui se meut ou qu'on voit se mouvoir, mais généralement ce qui frappe les sens : l'éclair qui jaillit du milieu des nuages, comme le roc immobile qui engendre le feu. Cette animation de la nature entière, depuis l'homme jusqu'à la pierre, — *cui numen erat*, — on ne la concevait pas autrement catégorisée sous une forme que sous une autre : ce que l'être humain sentait ou constatait en lui-même, il le supposait partout où il voyait ou croyait voir la vie. Comme formule générale de cette façon d'envisager la création, je rappellerai l'Yn et l'Yang des Chinois, celui-ci représentant l'énergie mâle et le premier la passivité femelle. La vie en toutes choses se concevait comme résultant de l'association de ces deux principes (1). Aujourd'hui nous dirions : action et réaction. A une époque de moins d'abstraction, on a dit : activité et passivité ; et plus près encore de la période purement sentimentale, quand les idées n'étaient que des images et que ces images étaient toutes concrètes, on n'a vu ni pu voir dans les deux principes en question qu'un mâle et une femelle. J'ai montré ailleurs que la doctrine de l'Yn et l'Yang n'était pas, en Chine, une simple spéculation philosophique ; que, sous la forme un peu plus abstraite que lui ont donnée les philosophes chinois, pour l'adapter à un autre système théogonique, c'était un simple dégagement idéal de quelque chose de concret remontant au delà de Fou-Hi.

La désignation proprement dite des genres, dans le langage, ne date, il est vrai, que de la période flexionnelle et n'est bien caractérisée que dans les idiomes sémitiques et aryens ; jus-

(1) *Origines de la Religion*, t. I, p. 200.

qu'à cette troisième étape de l'évolution du discours, dans les langues agglutinatives comme dans les langues monosyllabiques, cette distinction, en effet, quand elle existe, se présente sous une double forme radicale. Mais ce qui prouve que, dans l'aryanisme comme dans le sémitisme, l'opposition dont il s'agit s'est originairement faite indépendamment de la flexion et que, par conséquent, elle date ici de la période antérieure, c'est que les noms de choses animées qu'on doit supposer les plus anciens de la période flexionnelle sont génériquement différenciés, comme termes grammaticaux, non point par leurs désinences ou seulement par elles, mais par leurs radicaux mêmes. C'est ainsi qu'on a deux mots pour désigner les sexes différents dans une foule de cas où le genre zoologique, abstraction faite du sexe, est un : homme et femme, père et mère, garçon et fille, frère et sœur, oncle et tante, bœuf et vache, bélier et brebis, coq et poule, etc.

De ces faits, dont le développement nous entraînerait fort au delà des limites d'une simple préface, ressort la rigoureuse exactitude de notre thèse, à savoir, qu'il y a eu un moment de l'évolution de l'esprit humain où les conditions de la vie, partout où on la voyait ou la supposait, étaient conçues et imaginées comme liées à une cause génésique impliquant des rapports sexuels ou des analogies avec ces mêmes rapports. Il en ressort, de plus, que, si la spéculation cosmogonique dont il s'agit remonte, ainsi que je l'ai avancé, à une époque présémitique et appartient à une autre race que les Couchito-Sémites et les Aryas, ce sont pourtant les Chamites ou Proto-Sémites qui en ont les premiers précisé et propagé la formule.

Cette justification faite et ces points établis, on ne pourra raisonnablement hésiter, je pense, devant les preuves développées dans le présent livre, à reconnaître que, pour les Chamites et les Sémites, du moins, les périodes de calendrier, sans en excepter la période commençant à la fête de Pâques, étaient bien, comme le porte mon titre, une Vie de Dieu et le résultat d'une synousie sexuelle.

L'AGE DE DIEU

(ANNUS DEI)

CHAPITRE PREMIER

Une période de temps, aux époques reculées où Dieu vivait dans la nature, était un âge, une vie de Dieu. Quelle que fût la longueur de cette période, suivant les termes dont elle se composait, l'ordre universel ou Cosmos qui se déroulait devant le regard de l'homme avait débuté avec elle, et c'était avec elle qu'il devait finir. Dans la donnée de l'éternité du monde, qui, en dehors des transcendances du sémitisme, fut la donnée religieuse de toute l'antiquité, le début en question néanmoins passait plutôt pour un renouvellement ou une renaissance que pour un principe. Il n'y a guère que la Bible qui ait tiré du néant absolu « le ciel, la terre et tout ce qu'ils renferment, » et qui ait donné à la création un commencement déterminé. Partout où se montre le cachet d'une autre race que celle de Sem, on trouve les dieux engrenés dans le temps, vivant au jour le jour d'une vie élevée à un plus ou moins haut degré de puissance, immortels, il est vrai, mais vieillissant et pouvant aller jusqu'à la décrépitude : le vieil Océan, cet ancêtre du panthéon hellénique, Θεῶν γένεσις, suivant une expression d'Homère (1), avait fini par oublier le lit conjugal (2), et il n'était pas sûr lui-même de ne point « radoter » un peu (3). Bien des vies divines se sont déjà succédé sur la terre : si toutes n'ont pas été cycliques en fait, elles l'ont été en principe. Le règne d'Uranus, pour ne citer que l'exemple des Grecs, est suivi de celui de Saturne, et à Saturne succède Jupiter, le « dieu nouveau ». Peut-être ne faut-il voir ici dans

(1) *Iliade*, XVI, 201.
(2) Id., *ibid.*
(3) Eschyle, *Prométhée*.

cette succession de dénominations divines que des superpositions violentes de cultes différents. Ce qu'il y a de certain, néanmoins, c'est que les synchrétistes religieux, ramenant à l'idée cyclique l'ordre que nous venons de dire, ont fait des règnes d'Uranus, de Saturne et de Jupiter autant d'âges du monde. Si l'âge d'or, l'âge d'argent et l'âge d'airain ne sont point en réalité des cycles, ils en reproduisent cependant le côté symbolique.

Un âge divin proprement dit était une simple période d'ordonnance cosmique, ce qu'on pourrait appeler un ordre de durée dans les choses du monde. Cette période pouvait être d'une série de siècles ou de quelques jours seulement ; de 3600 ans, comme le *sare* chaldéo-assyrien ; de 1461 ans, comme la période sothiaque; d'un *manvantara*, d'un *kalpa* ou d'un *youga*, comme dans les Pouranas, dans le Code de Manou et dans le Mahâbhârata ; de quelques années ou d'une seule, d'un mois ou même de quelques jours, comme le jubilé, l'année sabbatique, la lunaison et la semaine.

De ces différents cycles, les uns sont naturels,

les autres symboliques. Les données dont se composent les cycles naturels sont, entre autres, relativement à notre planète, la révolution diurne, la lunaison et l'année solaire, prises isolément ou combinées, soit entre elles et avec leurs éléments propres, soit avec les mouvements réels ou apparents des autres astres. Nous verrons aussi ultérieurement que le mois périodique, aussi bien que le mois synodique, et l'année tropique, aussi bien que l'année sidérale, ont pu fournir la matière de combinaisons cycliques plus ou moins développées. Quant à la semaine, à l'année sabbatique, à la période séculaire et à toutes les combinaisons résultant d'éléments analogues, elles n'ont pas de base que l'on puisse qualifier de naturelle, à proprement parler ; c'est pour cela que nous leur donnons le nom de cycles symboliques. La semaine, dont l'origine chaldéenne paraît bien établie, n'est, par exemple, que la panégyrie des sept astres errants connus des anciens, comme le jubilé une combinaison de l'année solaire avec la septénarité en question.

Une période cosmique, quelle qu'en fût la nature, était donc une vie divine : les anciens disaient *annus Dei*, en prenant l'*année* dans le sens dont *annulus* est le diminutif lexique et qui pouvait avoir, comme le Temps et tout l'Orbe vivant du monde, son symbole dans le serpent replié en cercle sur lui-même et se mordant la queue. Le terme de cette période était aussi, par conséquent, un terme de vie, une mort de dieu et du monde lui-même. Aussi l'approche en était-elle très redoutée. Les peuples qui ont eu des calendriers nationaux les avaient composés d'éléments religieux : le calendrier était un drame divin, mélange de données astronomiques et autres, dans lequel entraient jusqu'à des symboles chthoniens plus ou moins transfigurés. Un des exemples les plus curieux de cette dramaturgie, c'est peut-être le mythe d'Hercule. Quelle que soit l'étymologie de ce nom, sur laquelle on est loin d'être d'accord parmi les savants, Hercule a été, à l'origine, dans notre race aryenne, un combattant et vainqueur céleste, le Ciel ou le Soleil en lutte avec les nuages noirs personnifiés par les monstres qu'il terrassa (1). Puis, au

(1) Michel Bréal, *Hercule et Cacus*.

contact du doctrinarisme astronomique de l'Asie sémito-couschite, la donnée solaire du mythe prenant tout à fait le dessus, les monstres contre lesquels le héros a à lutter se transforment, ses travaux se catégorisent dans les signes du zodiaque ou les douze mois de l'année, ils deviennent les étapes d'un mouvement cyclique, et les traits originels de la physionomie d'Hercule finissent par s'effacer sous ceux du Cosmocrator. Au terme de ses combats, quand la mort va le prendre pour l'éterniser dans l'ensemble divin et l'y élever au rang suprême de dieu, le héros messianique n'a plus que ce dernier caractère. Le bûcher du mont Œta, sur lequel il meurt dans les flammes, vêtu de la robe ensanglantée du centaure Nessus, ne diffère point, en effet, du bûcher qui consuma Sandan, l'Hercule assyro-lydien, non plus que de celui des scénopégies orientales. Ces scénopégies duraient cinq jours, représentant sans aucun doute les cinq jours épagomènes d'une fin de période, et c'était le soir même de celui qui terminait la fête, au moment où le dernier soleil du cycle disparaissait au couchant dans les vapeurs rosées du crépuscule, que le roi des Sakées, un condamné à mort, quelquefois un simple mannequin, souvent aussi un dévot personnage, vêtu d'une tunique de pourpre ou de byssus, était brûlé publiquement.

Le trait qui détermine peut-être le mieux encore le caractère de drame divin que nous venons de reconnaître au calendrier, ce sont les fêtes toutes particulières des derniers jours du cycle. Le monde, dans l'opinion des peuples, devait finir au terme d'une de ces périodes ou, pour me servir du langage même des anciens, au terme d'une vie de dieu. Dieu et le monde vivant dans la nature, une vie de dieu et une vie du monde étaient chose identique. Dieu n'était pas seulement le Cosmocrator, il était le Cosmos lui-même, tout à la fois *natura naturans* et *natura naturata*, comme se serait exprimé Spinosa. La préparation à la mort marquait donc la fin de tout cycle naturel ou symbolique : les fêtes des derniers jours étaient des fêtes funèbres, accompagnées de jeûnes, de sacrifices expiatoires, d'amendes honorables et de tous les actes religieux que l'on pouvait croire de nature à apaiser et rendre propices les divinités infernales, auxquelles toute vie était fatalement dévolue. C'était le caractère qu'elles avaient surtout à Rome et, dans le nouveau monde, sur le plateau de l'Anahuac, où aux terreurs de la fin du cycle succédaient les réjouissances du lendemain. Notre Avent et notre Carême, qui répondent, le premier aux Adonia de l'arrière-saison, et le second aux Adonia du printemps, sont un reste de ces usages, que rappellent encore l'allégresse de Noël et de Pâques et nos félicitations du jour de l'an.

Mon intention n'est pas de présenter le tableau des différentes sortes de cycles, dont il existe encore tant de lambeaux épars dans une foule de nos coutumes. Je bornerai mon étude à un des grands âges divins par excellence, la période sothiaque. J'y trouve, d'ailleurs, comme une illustration de la thèse génésique que je développe dans mon livre des *Origines de la religion*.

CHAPITRE II

Nous savons que l'année civile égyptienne était de 365 jours uniquement, sans aucune intercalation. C'est pourquoi, ainsi que s'exprime Censorinus (1), l'espace de quatre ans, en Égypte, avait un jour de moins que l'espace de quatre années naturelles. En d'autres termes, les Égyptiens ne connaissaient pas le bissexte. Or, comme la période sothiaque débutait ou était censée débuter au point où le lever héliaque de Sirius, le Sothis égyptien, paraissait concorder avec le premier jour de l'année civile, sous un même parallèle, la concordance de ce lever avec le premier de l'an ne se représentait approximativement qu'au terme de 1,460 ans naturels ou 1,461 ans du calendrier civil, soit

(1) *De die natali.*

quatre fois 365. C'est, du moins, ce que l'on croit généralement : nous verrons plus loin ce qu'il faut penser de cette opinion. Le premier de l'an faisait de la sorte, dans le cours de la période, le tour de l'année civile, et chaque jour de cette année était successivement sanctifié par la fête fixe de chacun des dieux. C'est une remarque de Geminus, astronome grec du premier siècle avant notre ère (1) : « Les Égyptiens, dit cet auteur, ne veulent pas que leurs sacrifices tombent dans la même saison de l'année, mais qu'ils en parcourent tous les temps, de sorte que la même fête qui a été célébrée en été devienne celle de l'hiver, de l'automne ou du printemps. » Ératosthènes avait déjà laissé entendre que, de son temps, environ 200 ans avant Auguste, la fête d'Isis tombait à l'équinoxe d'automne, tandis que plus anciennement elle tombait à l'équinoxe de printemps, quoiqu'elle n'eût jamais varié dans le calendrier. Nous savons, d'ailleurs, par le scoliaste des *Prolegomena* d'Aratus, dans la traduction de Germanicus

(1) Geminus, *Introduction aux Phénomènes*, ch. VI, *Des mois*.

César (1), que les rois juraient, en montant sur le trône, de respecter comme chose sainte le calendrier établi : « Le roi, dit le scoliaste, est conduit par le prêtre d'Isis dans le lieu qu'on appelle le saint des saints ; là il doit jurer de n'intercaler ni un mois ni un jour, dont il serait fait un jour de fête, mais de s'en tenir aux 365 jours justes, selon ce qu'avaient institué les anciens. »

Cette année égyptienne de 365 jours justes était divisée en douze mois de 30 jours chacun, plus 5 jours dits célestes ou épagomènes, le tout distribué entre trois saisons, dans l'ordre suivant :

I. *Saison des pousses ou de la végétation.*

1. Thoth.
2. Paophi.
3. Athyr.
4. Choiak.

II. *Saison des récoltes.*

5. Tybi.

(1) J.-E. Orelli, *Phædrus*, in fine.

6. Mechir.
7. Phamenoth.
8. Pharmouthi.

III. *Saison de l'inondation.*

9. Pachon.
10. Payni.
11. Epiphi.
12. Mesori.

Dans la notation hiéroglyphique, les mois de la première saison étaient figurés par une série de quatre pousses ou plantes, surmontées du croissant de la lune, avec accompagnement des chiffres 1, 2, 3 et 4, selon le rang occupé par le mois ; ceux de la seconde, par une série de signes désignant la végétation, et ceux de la troisième par des signes désignant l'inondation, surmontés toujours, dans l'un et l'autre cas, du croissant de la lune et d'un des chiffres 1, 2, 3 et 4. Il semble ressortir de là que, lorsque la notation fut introduite, l'année était encore comptée en Égypte par lunaisons, ce qui confirme la thèse que nous développons plus loin de la précession d'une période lunaire. Les cinq jours épagomènes, qui suivaient le mois de Mesori et terminaient l'année, étaient figurés, au contraire, par un groupe de signes dans lequel entraient les idées de *ciel* et de *soleil*, et distingués suivant leur ordre par les chiffres 1, 2, 3, 4 et 5. Nous ne voulons pas dire que l'année de 360 jours fût une année lunaire ; sa division en trois saisons indique plutôt un commencement d'effort pour la faire concorder avec les mouvements du soleil, tout en respectant la lunaison par esprit de religion. Mais c'était une année de compromis, vague et incomplète, qui ne devint exclusivement solaire que par l'addition des cinq jours épagomènes. Nous aurons à rechercher le sens de ces singulières transitions (1).

(1) L'année de 360 jours seulement, sans épagomènes, a encore existé ailleurs qu'en Égypte. On la retrouve en Babylonie, où elle fut, comme sur les bords du Nil, la première forme de l'année solaire, ainsi que cela ressort de sa division originelle en 36 décades, ces décades représentées par les 36 décans communs aux Babyloniens et aux Égyptiens. On raconte, en outre, que, dans les Écritures des Babyloniens, on attribuait au palmier, qui était, comme nous le verrons dans la suite, un emblème cyclique en même temps qu'un emblème du Phénix, 360 vertus, ces 360 vertus représentant les jours de l'année. Cette même année de 360 jours fut d'un

En disant que la période sothiaque était de 1,460 années naturelles, nous ne faisons que nous conformer à la coutume de tous les astronomes qui se sont occupés de chronologie jusqu'au moment présent ; pour être dans le vrai, il faudrait plutôt dire que le cycle en question était de 1,460 années juliennes. Entre l'année julienne et l'année astronomique rigoureuse il y a, en effet, une légère différence, dont on ne s'est aperçu qu'avec le temps. Lorsque, en l'an 708 de Rome, 46 avant J.-C., Jules César, par les soins de Sosigène, astronome et mathématicien d'Alexandrie, afin de maintenir le retour régulier des équinoxes aux mêmes dates du calendrier, introduisit la fameuse réforme qui porte son nom, il supposa l'année de 365 jours 6 heures, trop longue, par conséquent, de près de 11 minutes, l'année tropique réelle étant de 365 jours 49 minutes 51 secondes. En l'an de J.-C. 325, le concile de Nicée, voulant fixer

usage général en Grèce jusqu'au sixième siècle avant notre ère, et l'on voit par la Genèse que les Israélites, dans le principe, n'en connaissaient pas d'autre, soit qu'ils l'eussent apportée de Chaldée ou d'Égypte.

l'échéance annuelle de la fête de Pâques, pour couper court aux divergences qui existaient à cet égard, eut, lui aussi, à s'occuper du calendrier; mais, jugeant, en dépit de son infaillibilité, que l'intercalation julienne rétablissait exactement la concordance entre la longueur de l'année civile et celle de l'année astronomique, il adopta la réforme, après avoir constaté que, cette année, l'équinoxe du printemps tombait le 21 mars. Avec un peu plus d'observation et de calcul, il aurait pu, néanmoins, s'apercevoir que, depuis l'établissement du calendrier nouveau, l'équinoxe était en avance de plus de deux jours trois quarts. L'erreur étant, comme je viens de le dire, de près de 11 minutes par an, on avait, au bout de cent trente-quatre ans, une différence d'un jour entier, soit en 371 ans, depuis l'introduction de la réforme jusqu'au concile de Nicée, une différence de 2 jours et un peu plus de 18 heures. Lorsque, en l'an 1582, ou 1,257 ans après ce concile, le pape Grégoire XIII voulut enfin mettre d'accord l'année civile avec l'année astronomique, l'erreur était de près de 10 jours. Pour ramener l'équinoxe au point où les Pères de Nicée l'avaient trouvé, en 325, quand ils en firent le point de départ et la base du comput ecclésiastique, ce pape n'avait donc qu'à retrancher 10 jours de l'année, ce qu'il fit en supprimant toute la série comprise entre le 4 et le 15 octobre et en ordonnant que le lendemain du 4 de ce mois ne serait pas compté pour le 5, mais pour le 15. Il choisit de préférence la série en question, parce que, cette année-là, le 5 octobre se trouvait un jeudi, et le 15 un vendredi, de sorte que la suppression ne dérangea rien à l'ordre des jours de la semaine. Puis, comme en 400 ans le calendrier julien est en avance de près de trois jours, il décida que, dans le cours de cette période, au lieu de compter 100 années bissextiles, soit une tous les quatre ans, sans interruption, on n'en compterait que 97, ce qui revient à retrancher de l'année un jour tous les 133 ans. Mais, comme dans cette même période de 400 ans il y a en trop 0 jour 096, l'avance des 3 jours en question n'étant complète qu'en 402 ans justes, on aura encore un jour à retrancher tous les 4,000 ans.

Cela posé, il faut conclure que les 1,460 années juliennes de la période sothiaque sont environ de 11 jours de plus que 1,460 années du calendrier grégorien, et que, par conséquent, les dates données pour celles du lever héliaque de Sirius le 1er Thoth, au début de la période, n'ont ni le sens ni la portée qu'y ont attachés jusqu'ici les savants. Censorinus, dans l'ouvrage déjà cité, dit qu'une de ces périodes était échue sous le deuxième consulat d'Antonin le Pieux avec Bruttius Præsens, en 139 de notre ère, et qu'une nouvelle avait commencé le 20 juillet de cette même année. De là les chronographes ont conclu que le grand cycle caniculaire échu en l'an 139 avait débuté en 1322 avant J.-C., le précédent en 2782, un autre en 4242. Tout cela est rigoureusement déduit. Ce qui est beaucoup moins exact et qui même ne se comprend pas de la part d'hommes aussi éminents qu'Ideler et Lepsius, ce sont les calculs de ces savants. Nous venons de dire que Censorinus place au 20 juillet de l'an 139 de notre ère le début d'une nouvelle période sothiaque. Or, Ideler (1) affirme, pour avoir calculé lui-même les mouvements de Si-

(1) *Recherches sur les Observations astronomiques des anciens.*

rius, que, cette année-là, l'astre se leva le 20 juillet sous le parallèle d'Héliopolis à 7 heures du matin; en 1322 avant J.-C., le 19 juillet à 6 heures du soir, et en 2782, le 20 juillet, de nouveau dans la matinée. Lepsius (1) ne trouve rien à dire à ce compte et y souscrit.

Il n'est cependant pas possible que, dans ses calculs sur le lever héliaque de Sirius pour les années 1322 et 2782 avant Jésus-Christ, Ideler soit parti du calendrier julien : avec ce calendrier, qui ignore la précession des équinoxes, on n'a pas de base suffisante pour des calculs astronomiques de cette nature. Que l'on prenne d'ailleurs la période sothiaque pour ce qu'elle était en fait, sinon en principe, comme l'expression du retour du premier de l'an à l'équateur ou à l'un des tropiques, après un laps de 1,461 années vagues de 365 jours ; ou qu'on la prenne pour ce qu'elle se donnait, le temps que met Sirius à revenir se lever dans le crépuscule du matin à ce même premier de l'an, l'erreur du savant astronome est tout aussi grande. Dans le premier cas, en supposant, ce

(1) *Chronologie der Ægypter*, I, p. 169.

qui, du reste, n'a pu être, que le lever héliaque de Sirius, au début de chaque période, se soit effectué constamment le même jour du même mois, comme les 1,460 années du calendrier julien sont de onze jours plus longues que le même nombre d'années tropiques exactes, telles que les a établies définitivement la réforme grégorienne, s'il est bien vrai que, en 139 de notre ère, la réapparition de Sirius à l'aube du jour eut lieu le 20 juillet, l'astre aurait dû nécessairement, en 1322 avant Jésus-Christ, se lever 11 jours plus tôt, c'est-à-dire le 9 juillet, et en 2782, au commencement de la période antérieure, le 28 juin. Or, c'est tout le contraire qui a dû arriver : au lieu d'être ainsi en avance sur le temps solaire moyen, les levers héliaques, en effet, sont toujours en retard.

Nul doute que l'année civile égyptienne, toute vague et incomplète qu'elle fût, n'ait été une année tropique : la notation prouve, en effet, qu'elle avait originairement pour base les saisons. Comment donc expliquer, avec cette année, qu'on parte du calendrier grégorien ou du calendrier julien, le retour constant d'une étoile fixe à un même point du ciel par rapport au soleil, au bout d'une période de 1,460 ans, un même jour et sous un parallèle unique? On sait que le temps que met le soleil à revenir au point équinoxial d'où on le suppose parti est moins long que celui qu'il met à faire, dans le zodiaque ou l'écliptique, son tour entier, pour se retrouver dans la même position relativement aux étoiles. Ce tour, qu'on appelle l'année sidérale par opposition à l'année tropique ou équinoxiale, est de 365 jours 6 heures 9 minutes 10 secondes. Il suit de là que, l'année julienne elle-même étant plus courte de près de 9 minutes et demie que cette dernière, les calculs d'Ideler, si l'on suppose qu'ils aient eu pour base le calendrier de Jules César, comme on pourrait le croire à première vue, offriraient, comparativement à l'hypothèse d'une base grégorienne une différence qui ne changerait rien à la nature de l'erreur.

CHAPITRE III

Il paraîtrait résulter de ce qui précède que la période sothiaque, en admettant qu'elle ait eu pour point de départ le lever héliaque de Sirius au premier jour du premier mois de l'année, aurait dû mettre à s'accomplir beaucoup plus de temps qu'on ne suppose. Cependant, nous avons des témoignages qui donnent tout à la fois à cette période la durée de 1,461 années civiles et pour début le lever héliaque de Sirius au premier jour du premier mois de l'année. Censorinus, qui écrivait vers la fin de la 100e année de la grande période dont nous avons constaté le début au 20 juillet de l'an 139 de notre ère, ainsi qu'il le déclare lui-même, dit expressément que la grande année appelée cynique par les Grecs, les Latins l'appelaient caniculaire,

« parce que le commencement de cette année se prend du lever matutinal de l'étoile de la Canicule, au premier jour du mois que les Égyptiens appellent Thoth. » D'autre part, Tacite rappelle le chiffre de 1,461 comme étant celui des années que, suivant quelques-uns, dit-il, aurait vécu le Phénix (1). Il y a là une confusion évidente de la donnée sidérale avec la donnée tropique. Nous dirons ultérieurement comment cette confusion a dû se produire. Mais avant de pousser plus loin ce travail, il convient de rechercher l'origine de la dénomination de sothiaque donnée à la grande année caniculaire.

L'étoile de Sirius, dont le lever héliaque, d'après Censorinus, marquait le commencement de l'année, portait, en Égypte, le nom de Sothis: c'est du moins ainsi que les Grecs figuraient dans leur langue la prononciation du mot égyptien, telle qu'ils croyaient l'entendre. Plutarque écrit *Sothis* et *Sothi*, et il attribue à cette expression le sens de « grossesse » : « Dans les livres « appelés les *livres d'Hermès*, dit-il, on trouve « écrit, au sujet des noms sacrés, que la puis-

(1) *Annales*, VI, 28.

« sance qui préside à l'air est appelée par les « uns Osiris, par les autres Sarapis, par d'autres « *Sothi*, qui est le nom égyptien. Or ce dernier « mot signifie « grossesse » ou « être grosse ». « En grec, il a pour équivalent *kuêsis*, *kuein*, « d'où, par suite d'altération, on a appelé en grec « *kuôn* « chien », la constellation que l'on re- « garde comme spécialement consacrée à Isis (1). » Dans un autre endroit, Plutarque dit que les peuples d'Afrique se moquent des Égyptiens, traitant de fable ce qu'ils racontent de l'oryx, « à savoir que cet animal se met à crier au moment où se lève l'étoile appelée en Égypte *Sothis* et chez les Grecs Sirius. » Plusieurs autres auteurs, notamment Porphyre, écrivent Sothis également, en donnant ce nom comme étant celui de l'étoile de Sirius sur les bords du Nil. Nul doute, par conséquent, qu'il ne faille voir dans un autre mot que celui qu'a imaginé M. Lauth l'origine de la prononciation grecque en question. D'après ce savant égyptologue, la dénomination de Sothis serait dérivée de l'égyptien *Sopd*, qu'il dit avoir été le nom de Sirius dans cette langue. Outre

(1) *De Is. et Osir.*, 61.

que cette dérivation est contredite par les lois phonétiques les plus élémentaires, nous ferons observer que, en copte, où l'on a le composé à moitié grec *Sounouhor* « Étoile du chien », pour désigner Sirius, le mot *schopsch*, le même que le *Sopd* de M. Lauth, signifie *bras* et *épaule* et désigne probablement, comme dénomination stellaire, l'épaule ou β du Grand Chien, que l'on appelle aussi Mirzam et qui n'est qu'une étoile secondaire (1). Sothis, avec le rôle souverainement religieux qu'il jouait dans le système sidéral égyptien, ne pouvait être qu'un nom de divinité, caractère que n'a jamais eu le mot *sopd*. En le détrônant, pour y substituer le composé *sounouhor*, dont la première moitié est le nom grec légèrement déformé de la Canicule, les chrétiens Coptes ont, du reste, croyons-nous, suffisamment laissé entendre qu'ils le considéraient bien effectivement ainsi.

Le mot que les Grecs prononçaient et écrivaient

(1) G. Zoega, *Catalogus Codicum copt. manuscript.*, etc., p. 650, dit de Schopsch : *Stella quædam quæ conjungitur cum stella Canis*. C'est de la signification du mot *brachium* et *armus* que nous dérivons l'application qui en est faite ici à Mirzam.

Sothi et *Sothis* était donc un nom de dieu, quelque signification que, sous le rapport lexique, il puisse avoir d'ailleurs (1): à cet égard nous ne pensons pas qu'un doute sérieux soit possible. Mais quel était ce dieu? Nous croyons que c'était le dieu Seth, celui-là même que les Grecs appelaient Typhon (2). Vettius Valens (3) dit que, en Égypte, Seth était le nom de la Canicule, et d'autre part nous trouvons le même nom écrit tantôt Seth et tantôt Seti et Suti. Sous le rapport phonétique, il y a donc identité entre Sothis et Seth. Cette identité ne nous paraît pas moins certaine sous les autres rapports.

Avant de devenir le principe du mal, le Typhon que nous ont fait connaître les Grecs et que les textes hiéroglyphiques montrent en opposition avec Osiris, Seth avait été, sur les bords du Nil, un dieu bon, lui aussi, le dieu même par excellence. Comme on l'y trouve en possession d'un empire incontesté dès les plus anciennes

(1) L'étymologie précitée de Plutarque, comme les étymologies des anciens en général, n'a pas de valeur philologique.

(2) *De Is. et Osir.*, 49. — S. Épiphane, *Ad hæres.*, III, p. 1093.

(3) Marsham, *Chron. can.* Bibl. VIII. — Bainbridges, *Canicularia* et Fabricius, *Bibl. Grec.*, vol. IV, p. 141.

dynasties, on doit en conclure qu'il date des commencements de l'Égypte (1). Il est venu du nord-est avec le rameau couschite ou proto-sémite qui se détacha le premier de la grande souche dite de Cousch. Mais, quoiqu'on le retrouve avec tous les caractères d'un dieu de race parmi les Sémites proprement dits et qu'il paraisse avoir été le préféré des pasteurs qui envahirent la terre des Pharaons, il se lie si intimement à l'histoire de ce pays, qu'il n'est pas possible de voir en lui une importation d'ailleurs. C'est bien un produit de race pure, qui s'est développé avec les institutions nationales. Lorsque nous aurons démontré que la période sothiaque lui doit son nom, l'évidence sera faite à cet égard ; ce cycle est trop foncièrement égyptien, en effet, pour que l'on puisse raisonnablement supposer à sa base une dénomination étrangère.

Des premiers chapitres de la Genèse hébraïque il ressort que Seth, comme dieu suprême, date

(1) Les signes représentant les deux articulations ST, accompagnés de celui de la pierre taillée, symbole du dieu Seth, se rencontrent sur l'autel de Turin, qui date de la sixième dynastie. Cf. W. Pleyte, *La Religion des Pré-Israélites*, p. 255 et pl. X, fig. 8.

d'avant Jéhovah et qu'il se rattachait, dans le pays de Chanaan, aux traditions de la race conquise, c'est-à-dire, de populations appartenant, d'après la Bible, au même ancêtre que les Proto-Sémites d'Égypte, à Cham. En lisant tant soit peu attentivement avec sa conscience propre les chapitres IV et V de cette Genèse, on ne tarde pas à s'apercevoir qu'ils ont deux origines tout à fait différentes. Il y a là deux traditions fondues ensemble. La soudure est sensible au verset 25 du chapitre IV. A partir de ce verset jusqu'au chapitre VI, tout change d'aspect. La première tradition, qui est celle du chapitre IV, exclut Seth de la généalogie patriarcale d'Adam à Lamech. Les patriarches s'y succèdent par voie de filiation dans l'ordre suivant :

Adam,
Caïn et Abel, fils d'Adam,
Henoch, fils de Caïn,
Irad, fils d'Henoch,
Mehuyael, fils d'Irad,
Metusael, fils de Mehuyael,
Lamech, fils de Metusael.

La seconde tradition, celle qui commence au

verset 26 de ce même chapitre IV et qui se continue dans tout le chapitre V, donne, au contraire, la filiation suivante jusqu'à Lamech :

Adam,
Seth,
Enosch,
Caïnan,
Mahalael,
Iered,
Henoch,
Methusalah,
Lamech.

Or, si l'on tient compte de ce fait, qu'Enosch, donné ici pour le fils de Seth, est le mot même qui, en araméen, désigne l'homme en général, exactement comme Adam en hébreu, et que Caïnan, le fils d'Enosch ou l'Homme, n'est qu'une variante de Caïn, le fils d'Adam ou l'Homme également, on en devra conclure que Seth est par rapport à Enosch ce que Jéhovah-Elohim est relativement à Adam, c'est-à-dire un créateur. La filiation du chapitre IV est rattachée à Jéhovah; celle du chapitre V ne connaît que les Elohim. A cet égard le texte hébreu est clair et précis : c'est Jéhovah qui crée Adam, et c'est des Elohim que procède Seth. Nous pouvons donc qualifier la première tradition de Jéhovite et la seconde d'Élohimite : celle-ci commune à la race chamito-sémitique tout entière, dans les diverses ramifications de laquelle s'est conservée la dénomination d'El, Eloh, Elohim et Elioun au pluriel, Il, Ilou, Allah, etc., pour désigner l'Énergie divine, et celle-là, au contraire, exclusivement propre à une fraction de la race et s'appliquant, non plus comme terme générique, mais comme appellatif personnel, à un dieu de tribu, à l'archigète particulier de tel groupe de familles. Il est certain que Jéhovah, dont nous n'avons point à étudier ici l'origine, ne date dans le Sémitisme proprement dit et comme nom généralisé de Dieu que d'une époque comparativement récente : « J'ai apparu à Abraham, à Isaac et à Jacob, dit Jéhovah à Moïse, comme El-Schaddaï, mais mon nom de Jéhovah ne leur fut pas connu (1). » On lit, en effet, dans la *Genèse* (2), que, apparaissant un

(1) *Exode*, VI, 3.
(2) *Ibid.*, XVII, 1.

jour à Abraham, Dieu lui dit : « Je suis El-Schaddaï ; marche devant moi. » Et Isaac, avant de se séparer de son fils Jacob, qu'il envoie prendre femme en Mésopotamie, lui adresse ces paroles : « Qu'El-Schaddaï te bénisse, qu'il te rende fécond et te multiplie (1). » La plupart des orientalistes voient dans ce Schaddaï le même dieu que Seth, en hébreu Schet, qu'ils identifient avec la dénomination de Sched, dont il sera question ultérieurement. Quoi qu'il en soit de cette identité, il demeure établi que Seth était à la fois un dieu des Chamites araméens et chananéens et des Chamites des bords du Nil. Il nous reste à prouver que, en Égypte, c'était le même que Sothis et que, par conséquent, c'est bien de lui, ainsi que le dit Vettius Valens, que la période sothiaque a reçu son nom. Rappelons d'abord que, d'après les Rabbins, Seth aurait le premier dénommé les signes célestes et trouvé la division de l'année (2). D'autre part, voici ce que nous lisons dans *Josèphe* (3) :

(1) *Gen.*, XXVIII, 3.
(2) Nork, *Hebr. rabbin. Wörterbuch*, au mot Scheth.
(3) L. I, c. XI.

« On doit aux enfants de Seth la science de l'astrologie; et comme ils avaient appris d'Adam que le monde devait périr par l'eau ou par le feu, la crainte que cette science ne se perdît, leur donna l'idée de construire deux colonnes, l'une en brique, l'autre de pierre, sur lesquelles ils gravèrent les connaissances qu'ils avaient acquises, afin que, si un déluge devait détruire la colonne de brique, celle de pierre demeurât pour conserver à la postérité la mémoire de ce qu'ils avaient écrit. »

Il y a déjà là un motif sérieux de présumer que, dans les souvenirs de la race chamitique, Seth était rattaché à l'origine même du calendrier national ; qu'il en était, en tant que dieu, le principe et la vie. Constatons que, sur les bords du Nil, du moins, c'était tout à fait cela.

A Tentyra ou Denderah, dans la Haute-Égypte, il y avait un temple dédié à Hathor-Isis. Sur le toit du temple était une petite chapelle, où l'on montait par un escalier, le long duquel était représentée une grande procession de prêtres portant l'image de la déesse. Cette cérémonie figurait la présentation d'Isis au soleil, au moment où il surgissait à l'horizon. C'était, dit Lauth, le lever héliaque de Sirius, l'étoile d'Isis, et la grande panégyrie du nouvel an. Le sanctuaire de Tentyra était donc, dans la Haute-Égypte, le correspondant de celui d'Héliopolis dans la Basse-Égypte : nous verrons ultérieurement que c'est dans ce dernier qu'avait lieu le mystère apocalyptique du Phénix, une des formes de la période sothiaque. Un autre fait confirme cette identité d'origine mystique entre les deux sanctuaires. Au lieu de Tentyra, pour désigner la première de ces localités, on trouve un nombre infini de fois Anth. Mais Anth ou Anath n'est que le féminin d'An, qui était le nom même d'Héliopolis ou, plutôt, du dieu qu'on y adorait. Or, ce dieu, An ou Sothis, était bien notre Seth lui-même ; dans une inscription citée par M. Brughsch (1), la déesse Anath figure comme dédoublement de ce dieu Seth, dont elle est le côté femelle, de même que l'Anath de Tentyra est le dédoublement de l'An ou On d'Héliopolis. Il y a là une grande pré-

(1) *Geograph. Inschriften*, t. I, p. 134.

somption que le culte de Sothis était progressivement descendu de cette dernière ville jusqu'à Tentyra: la conjecture de M. Lauth à cet égard nous paraît fondée. Mais, arrivé là, ce culte y rencontra celui d'Horus, avec lequel il fusionna et demeura uni jusqu'à la XXe dynastie égyptienne. Nous venons de dire que c'était à Horus, sur la chapelle qui couronnait le faîte du temple de Tentyra, que la procession de prêtres figurée sur l'escalier présentait l'image d'Isis, emblème du lever héliaque de Sirius.

La dénomination d'Horus a donc remplacé déjà ici celle d'An comme dédoublement mâle du neutre originel, en opposition avec Anath. Cette substitution est confirmée par d'autres faits. Nous savons que le grand temple d'Edfou, dont celui de Tentyra n'était qu'une réduction, appartenait à Horus. Or, tous les ans, à certains jours déterminés, des processions partaient de ces deux points, les unes avec la bannière d'Horus, les autres avec celle d'Isis ; elles montaient et descendaient le Nil dans des barques, et, arrivées chacune à sa station de pèlerinage, elles accompagnaient le dieu ou la déesse dans sa visite au sanctuaire. Ces rapports annuels entre les deux temples et les deux divinités, rapports qui symbolisent dans les religions chthono-phalliques les visites du mâle à la femelle et réciproquement, sont ici caractéristiques : ils établissent la solidarité de Tentyra et d'Edfou. Nous avons une preuve que, dans le principe, la divinité qui venait en visite dans cette dernière localité était la même que Seth : une inscription du temple de Karnak représente Horus recevant la vie de Seth et de Nephthys (1). Dans une foule d'autres, Seth et Horus sont unis dans un même culte ou changent réciproquement de rôle (2). Sur une inscription, à Ibsamboul, on lit : « Nous te donnons la double vigilance des deux Horus,» ce qu'une autre inscription de forme identique, à Médinet-Abou, développe ainsi : « Nous te donnons la double vigilance d'Horus et Seth les resplendissants.» Quand ces deux Horus ou ces deux Seth se séparent, l'un devient le dieu de la Basse-Égypte et l'autre le dieu de la Haute-Égypte : sur les monuments, Seth est

(1) Lepsius, *Denkmæler*, III, 35, c.
(2) *Ibid.*, III, 214, d ; 234.

représenté avec la couronne de la Basse-Égypte et Horus avec celle de la Haute (1). On trouve ailleurs Seth et Horus se disposant à couronner le roi Herhersiamon. Seth lui présente la couronne de la Basse-Égypte et Horus celle de la Haute-Égypte. Une femme de cette dernière région cherche à persuader le prince d'accepter la couronne qu'Horus lui offre, tandis qu'une femme de la Basse-Égypte sollicite cette préférence pour Seth. Le roi a le regard tourné vers Horus, qui est à gauche (2). Enfin, la division se consomme; les deux divinités, Seth et Horus, après avoir été les deux dénominations d'une même idée, se séparent violemment, et, grâce à l'influence de plus en plus prépondérante de la Haute-Égypte depuis l'expulsion des Hyksos, à partir de la vingtième dynastie, Seth n'est plus qu'un mauvais principe pour l'Égypte entière : c'est Typhon, le frère d'Osiris, mais en même temps son ennemi. Cette séparation est figurée par une lutte terrible, dont le théâtre est pré-

(1) Lepsius, *Denkmæler*, III, 246, b.

(2) Les Égyptiens considéraient l'Orient comme la face du monde ; le Nord était la droite et le Midi la gauche. Plut., *De Is. et Osir.*, 32.

cisément placé dans la région du Sud, au-dessous de Tentyra. Typhon fut vaincu dans trois batailles. Plutarque dit qu'Horus le priva de sa virilité, c'est-à-dire, ajoute l'écrivain, qu'il lui enleva toute sa force (1). D'autre part, on lit dans le *Rituel funéraire* (2) : « Le jour du combat entre Har et Seth, celui-ci lança ses excréments contre Har, mais Har arracha les testicules de Seth. »

Les plus anciens sanctuaires d'Osiris, d'Isis et d'Horus se trouvent dans la Haute-Égypte : Abydos, Élephantine, Tentyra, Edfou, Koptos; ceux de Seth et de Nephthys, son dédoublement femelle, dans la Basse-Égypte. Bunsen a fait la remarque, parfaitement fondée, que le système mythologique qu'on rencontre dès l'apparition de Ménès est résulté d'une fusion des deux cultes de l'une et l'autre région (3). La religion avait déjà uni les deux parties du pays, quand la puissance des dynasties thébaines s'étendit jusqu'à Memphis. Les auteurs se trom-

(1) *De Is. et Osir.*, 55.
(2) Ch. XVII, col. 25-26.
(3) *Ægypten's Stelle in der Weltgeschichte*, I, p. 512.

pent donc, pour la plupart, quand ils considèrent le mythe osirien comme une histoire enveloppée de fable de la lutte des Égyptiens contre les Hyksos et leurs voisins de même race. On sait aujourd'hui que cette couche historique s'est superposée postérieurement aux Rhamsès, car, au temps de la dix-neuvième dynastie et durant une partie de la vingtième, plusieurs siècles après l'expulsion des pasteurs, Seth était encore un des dieux les plus honorés et les plus puissants, un dieu répandant la bénédiction et la vie sur l'Égypte, comme Nephthys était la dame miséricordieuse et secourable. Ce ne fut que vers la fin de la vingtième dynastie, à la suite de la révolution qui la renversa, qu'une réaction s'opéra contre Seth, devenu désormais le frère ennemi d'Osiris, l'ennemi des dieux de l'Égypte. Tout porte à croire que cette révolution fut surtout religieuse; car le dernier Rhamesside, auquel finit régulièrement la dynastie en question, a pour successeurs deux grands prêtres, et le chef de la vingt et unième était fils d'un simple particulier. A partir de cette époque, le nom de Seth ne figure plus sur les monuments, et il est gratté ou martelé sur la plupart de ceux qui appartiennent aux âges précédents. Ce qui prouve bien que Seth n'était pas seulement le dieu des Hyksos, c'est que, une fois passé à l'état de mauvais principe, il devint pour les Égyptiens le dieu de tous les étrangers, le dieu même des populations noires : dans une inscription on lit son nom accompagné du mot *Nehes*, ce qui donne le sens de « Seth des nègres (1). »

La victoire d'Horus sur le dieu Seth est figurée, dans quelques monuments, d'une manière tout à fait caractéristique pour l'objet qui nous occupe ici. Une statuette du musée de Leyde représente le dieu vainqueur écrasant l'oryx sous ses pieds (2). Or, l'oryx était un symbole du dieu Seth (3), et, de plus, un animal dévot à la divinité de l'étoile de Sirius ou à Sothis. Les hiéroglyphes au-dessus du dieu à tête d'oryx donnent la prononciation S T, et les signes qui la figurent sont accompagnés de celui qui caractérise le dieu Seth et qui est une pierre (4).

(1) W. Pleyth, *La Religion des Pré-Israélites*, pl. IV, fig. 6.
(2) Id., *ibid.*, p. 184.
(3) Id., *ibid.*, p. 185.
(4) Brughsch, pl. XI, fig. 1

Nous avons cité plus haut un passage de Plutarque, où il est rappelé que, lorsque cet astre se levait, l'oryx, au dire des Égyptiens, le saluait par des cris. Enfin, Manéthon, d'après le même auteur, parlant de sacrifices humains qui avaient lieu dans une ville du nom d'Ilythie, racontait que ces sacrifices se faisaient par le feu; qu'ils se célébraient en public pendant la canicule, et que les hommes qu'on brûlait ainsi tout vifs étaient appelés typhoniens (1). Ces sacrifices par le feu, au terme d'une période, rappellent les scénopégies orientales dont il a été question plus haut, et la qualification de typhoniennes ou sothiaques donnée aux victimes prouve que c'était bien à l'étoile de Sirius, vers le temps de son lever héliaque, qu'ils étaient faits. Le dieu de cette étoile, par conséquent Sothis, était donc bien le même que le dieu Seth.

Il est fort probable que le Schaddaï de la Bible ne différait pas non plus de lui, mais nous n'avons pas à le rechercher ici. En Égypte, il ne paraît pas, dans l'origine, avoir différé d'un au-

(1) *De Is. et Osir.*, 73.

tre Dieu qui, de même que Seth, est représenté avec les attributs de la sagesse comme l'entendaient les anciens : ce dieu était Thoth. Je ne prétends pas dériver étymologiquement Thoth de Seth ; la permutation des lettres S et T n'ayant jamais lieu en égyptien, on ne saurait admettre dans les deux dénominations une identité d'origine lexique, à moins de leur supposer une provenance étrangère. Thoth joue, dans le grand drame osirien, un rôle qui ne se comprend bien qu'avec l'hypothèse d'une excoriation violente de la physionomie originelle de Seth : c'est, en quelque sorte, ce qui avait été bon et qui restait de bon de ce dernier, après sa transformation en mauvais principe. Dans le chapitre 42 du Rituel funéraire, Seth figure parmi les dieux de premier ordre sous cette double dénomination : « Seth autrement dit Thoth (1). » Dans un autre endroit, il est confondu avec le double Horus, qui, ainsi que nous le disions plus haut, était Horus-Seth, et dans plusieurs inscriptions, où le nom de Seth a été martelé, on l'a remplacé par celui de Thoth. Nous

(1) R. fun. 42, 8 : M. Set-ki-t'ot Thot.

connaissons les fameuses colonnes de Seth : on a supposé qu'elles figuraient comme les deux solstices (1). D'après un passage du livre de Josèphe contre Apion (2), ces colonnes auraient été à Héliopolis, où nous savons que venait expirer le Phénix et que se plaçait le retour de Sirius au lever du soleil, ce qui confirme une fois encore l'identité de Seth avec Sothis. Or, il est dit ailleurs que Manéthon étudia l'histoire de son pays dans des inscriptions qui se trouvaient sur les colonnes de Thoth en Siriadique (3). Ces colonnes de Thoth ne sont autres que celles de Seth, et la Siriadique a tout l'air d'une dérivation du Sirius grec (4). Thoth passait en Égypte pour avoir inventé l'écriture ; il était aussi le grand initiateur et le maître de toutes les sciences. C'était lui qui avait rédigé les livres sacrés, et on le nommait le « scribe des dieux et l'interprète de la parole divine. » Si l'on considère que, dans la haute antiquité chamito-sémitique, la loi, les prescriptions religieuses, le calendrier, l'histoire, toute

(1) *L. c.*
(2) 11, 2.
(3) *Antiq.* I, 3 : Κατὰ τὴν γῆν Σειριάδα.
(4) Σείριος.

la science, en un mot, se conservait en inscriptions sur des colonnes sacrées, on comprendra peut-être, avec la substitution des colonnes de Thoth à celles de Seth, le rôle tout particulier assigné à la première de ces dénominations dans le Panthéon égyptien.

Un autre fait qui prouve l'identité originelle de Thoth et de Seth ou Sothis, c'est que le début de la grande année sothiaque était placé, comme, par conséquent, toute cette grande année elle-même, sous la protection de l'un aussi bien que de l'autre.

CHAPITRE IV

Jusqu'ici on a pensé que le commencement de la période avait été déterminé par la concordance du lever de Sirius au crépuscule du matin avec le solstice d'été et la première crue du Nil. C'est encore l'opinion de beaucoup de monde. Bunsen l'a soutenue (1), et Biot, qui l'avait adoptée aussi, a fait des calculs très savants pour remonter à l'origine du cycle, au point par conséquent où cette triple rencontre aurait eu lieu. Il a trouvé l'an 3285 avant Jésus-Christ. Cette année-là, dit-il, le soleil fut exactement solsticial le jour du lever héliaque de Sirius sous le parallèle de Memphis, jour qui était le 20 juillet. En même temps la notation égyptienne des mois, d'accord avec les phénomènes solaires,

(1) *Ægypten's Stelle*, IV, *Erste Abtheil.*

marquait à ce même jour le commencement solsticial de la crue des eaux (1).

On se demande de quel calendrier Biot a pu faire usage pour ces calculs. Il est difficile d'admettre que ce soit du calendrier julien, qui, ne tenant pas suffisamment compte de la précession des équinoxes, ne peut donner, à des siècles de distance, des résultats exacts. Si donc il a fait usage du calendrier grégorien, ce que nous avons dit des supputations d'Ideler s'applique nécessairement aux siennes. Par conséquent, si, en l'an 139 de notre ère, l'étoile de Sirius s'est levée à l'aube du jour le 20 juillet, elle aurait dû, dans l'hypothèse admise par le savant astronome d'une concordance exceptionnelle de plusieurs levers consécutifs de cet astre avec le soleil, se lever, 3,424 ans en arrière, en l'année 3285 avant Jésus-Christ, non pas le 20 de ce même mois, mais le 24 juin, c'est-à-dire, la rétrocession du calendrier julien étant de 11 jours dans le cours d'une période sothiaque, 11 + 11 + 4 ou 26 jours plus tôt que ne le portent les calculs de Biot. Cet illustre savant semble avoir,

(1) Biot, *Année vague des Égyptiens*, p. 57.

du reste, prévu notre objection. Selon lui, par une combinaison singulière des éléments de position propres à Sirius, depuis plus de 3,000 ans avant l'ère chrétienne jusqu'à plusieurs siècles après le début de cette ère, l'intervalle de temps compris entre deux levers héliaques consécutifs de cette étoile, sous tous les parallèles de l'Égypte, étant calculé d'après les hypothèses de visibilité admises par lui, se trouverait presque exactement de 365 jours un quart, de sorte que la persistance de son lever héliaque à un même jour julien fixe, qui n'est qu'approximative pour les autres étoiles, aurait été tout à fait exacte pour celle-là seule, dans la longue étendue de temps que nous venons de dire. Il semblerait, d'après cela, que c'est du calendrier julien que Biot aurait fait usage pour les calculs en question; mais, nous le répétons, ce calendrier, n'ayant pas la rigoureuse exactitude qu'exige la supputation des mouvements célestes pendant une série de siècles, il nous répugne d'admettre qu'un savant aussi justement considéré en ait fait la base de ces mêmes calculs. Quant à l'hypothèse de la persistance du lever héliaque de Sirius à un même jour julien fixe pendant tant de siècles, elle n'a pas été suffisamment justifiée. Ce qu'il y a de certain, c'est que ce lever, qui, en l'an 139 de notre ère, sous Antonin, eut lieu le 20 juillet, s'effectue aujourd'hui en Égypte, par suite de la précession solaire, vers le 10 août, et que, cinq mille ans en arrière, au XXXIIIe siècle avant Jésus-Christ, d'après Ajasson de Grandsagne et d'autres savants (1), il avait lieu dans la dernière décade de juin, vers le 24 de ce mois, calendrier grégorien, suivant notre calcul. Que, à partir de cette date, il se soit produit tout à coup un écart de près d'un mois dans les conditions du lever de l'astre; que les éléments de position de Sirius aient été modifiés de manière à immobiliser en Égypte l'heure de ce lever durant tant de siècles, et qu'ensuite l'écart ait recommencé dans les mêmes proportions, c'est ce qu'on ne saurait accorder : ni le mouvement de précession, qui fait rétrograder l'équinoxe à travers les constellations, ni la nutation de la terre sur son axe, qui modifie ce mouvement rétrograde, en l'accélé-

(1) *Uranographie*, t. III, p. 60.

rant et le retardant périodiquement, ne sont de nature à faire cesser pour un temps quelconque, sur aucun point du globe, la différence qui existe entre l'année tropique et l'année sidérale. Cette différence, grâce à la variation périodique qu'éprouve la vitesse de l'équinoxe par suite de la nutation, peut être plus ou moins grande, mais elle n'est jamais détruite. Indépendamment de la précession des équinoxes, de la nutation de la terre sur son axe, de la diminution de l'obliquité de l'écliptique sur l'équateur et de l'aberration de la lumière, tout autant de causes qui peuvent modifier l'aspect général du ciel et les conditions de visibilité des astres, il y aurait bien aussi, pour expliquer les anomalies de la nature de celle que suppose Biot, le mouvement propre des étoiles ; mais ce mouvement, qui, pour Sirius, serait de 3°,43′ en 10,000 ans, est très imparfaitement défini encore, et, le serait-il mieux, qu'on n'en pourrait conclure qu'un écart insignifiant dans la régularité des levers héliaques particuliers. L'hypothèse de Biot, basée sur un synchronisme approximatif des deux années tropique et sidérale sous certains parallèles ou relativement à certaines étoiles pendant une durée de siècles, n'est donc pas admissible, et, conséquemment, le retour de la concordance du lever héliaque de Sirius avec le 1er Thoth d'une année vague de 365 jours sans bissexte, au terme d'une période de 1,460 années juliennes, concordance qui suppose la parfaite égalité de durée de l'année tropique et de l'année sidérale pendant tout ce temps-là, n'a pu se produire que dans l'imagination et n'a été imaginé que par suite d'une transformation de la donnée originelle de la période.

Dans son traité *Des apparitions des fixes* (1), Ptolémée, donnant les dates des levers et couchers héliaques en jours de l'année julienne, qui était alors en usage à Alexandrie, dit, il est vrai, qu'il a choisi cette forme de calendrier de préférence parce qu'elle ramène pendant plus longtemps les phénomènes célestes, sous chaque parallèle terrestre, aux jours de même dénomination ; mais il n'affirme pas que

(1) Φάσεις ἀπλανῶν ἀστέρων καὶ συναγωγὴ ἐπισημασειῶν. C'est un tableau des principaux phénomènes météorologiques et sidéraux de l'année, une sorte d'almanach.

la concordance persiste durant une série de siècles. Ce qu'il y a de certain, c'est que, les levers et couchers héliaques se calculant d'après le cours sidéral, comme l'année julienne se rapproche plus de l'année sidérale que de l'année tropique, Ptolémée a eu raison de dire que, avec le calendrier julien, les phénomènes revenaient plus longtemps aux jours de même dénomination sous chaque parallèle. L'année julienne, comme on sait, est de neuf minutes et demie environ plus courte que l'année sidérale, mais elle est de près de onze minutes plus longue que l'année tropique, par conséquent plus voisine de celle-là que de la dernière. Ainsi, le lever héliaque de Sirius, qui a lieu aujourd'hui vers le 10 août du calendrier grégorien, figurerait dans le tableau précité de Ptolémée au 29 juillet, douze jours plus tôt, soit juste la différence qui existe entre la date julienne et la date grégorienne, à compter de l'époque où le calendrier de Grégoire XIII a repris la suite de celui de Jules César, c'est-à-dire du concile de Nicée, en 325. La période sothiaque ayant eu pour base l'année tropique, comme la chose paraît bien établie, et non pas l'année sidérale, on n'aurait donc pu obtenir la concordance du lever en question avec le premier Thoth d'une année vague de 365 jours sans bissexte, au terme de 1,461 de ces années ou de 1,460 années juliennes, qu'à deux conditions : 1° en retranchant d'abord de la dernière année de la période autant de jours que, dans cet espace de temps, en compte la rétrogradation des points équinoxiaux; 2° en ajoutant ensuite par embolisme au reste l'excès de l'année sidérale sur l'année tropique pendant cette même durée. Et après avoir ainsi obtenu cette concordance, on aurait eu encore à établir celle des saisons avec leur notation. Or, rien de tout cela ne s'est fait, parce qu'une semblable complication d'éléments le rendait impossible.

De ces faits il ressort qu'on doit nécessairement exclure des éléments de systématisation du cycle caniculaire l'hypothèse généralement admise de la concordance du lever héliaque de Sirius avec le solstice d'été et la première crue du Nil. Il est possible que, plus près de nous, quand la rencontre se produisit approximativement, elle soit entrée en ligne de compte; mais, à l'origine, cette rencontre n'ayant pas existé, il n'a pu y être pris garde. Du reste, il ressort, d'autre part, de l'ordre des saisons et du symbolisme de leur notation, tels que nous les avons indiqués plus haut, que la période a dû commencer à un premier Thoth de la saison des pousses : nous dirons un peu plus loin dans quelles conditions. Mais comme, avec l'année vague égyptienne, le premier Thoth rétrogradait d'un jour tous les quatre ans, la notation cessait, au bout d'un certain temps, de répondre aux saisons naturelles, de sorte qu'on pouvait avoir, par exemple, à un moment donné, le signe des eaux pendant la moisson ou les semailles, quand les eaux n'étaient plus là. Or, en l'an 3285 avant J.-C., le commencement de l'inondation aurait effectivement concordé avec le premier Pachon, qui était le premier mois indiqué par le signe des eaux, si, cette année-là, le 20 juillet du calendrier julien, jour où M. Biot assure, d'après ses calculs, que, en Égypte, le soleil fut solsticial et que Sirius se leva avec lui, eût bien été véritablement le 20 juillet astronomique. Nous venons de voir qu'il n'en fut rien : ce n'est pas, en effet, à ce

20 juillet, mais au 24 juin que, en l'an 3285 avant notre ère, se place le 1er Pachon. Or, au 24 juin, on est, sur les bords du Nil, en pleine période étésienne; l'inondation ne commence à être un peu sensible que lorsque les grands vents du Nord ont cessé, un mois plus tard. Dans tous les cas, un terme, essentiel selon nous, et dont la rencontre était, du reste, inconciliable avec le 1er Pachon, manquerait à la liaison du système en question. Ce terme, constitutif de la période, c'est le commencement de l'année. Si, en 3285, le 1er Pachon était au solstice d'été, le 1er Thoth, quatre mois plus tard, tombait en novembre: alors il n'y avait ni solstice ni inondation. Le 20 juillet de cette année-là, que l'on donne pour le commencement de la grande année divine, se trouvait donc pris au milieu d'un cycle commun et en usage, celui de l'année civile ordinaire. D'ailleurs, nous ne connaissons rien, ni dans les auteurs ni dans les monuments, qui autorise à dire que la concordance du lever héliaque de Sirius avec le solstice d'été ait jamais été en Égypte une date sacrée. C'est une hypothèse, ingénieuse peut-être, mais gratuite,

et les calculs de Biot, fussent-ils rigoureux, n'en conclueraient pas moins toujours en dehors de leur objet.

Outre que la triple rencontre signalée par ces calculs, en admettant qu'elle eût réellement eu lieu, serait tombée dans le cours d'un autre cycle plus vulgaire, à la portée de tout le monde, et que, par conséquent, il n'aurait rien commencé pour la vue et le toucher des imaginations religieuses, elle ne se serait présentée que cette seule fois. En l'an 139 de notre ère, en effet, le 20 juillet de l'année julienne, qui répondait, cette année-là, au 1er Thoth de l'année vague des Égyptiens, le lever héliaque de Sirius eut lieu près d'un mois après le solstice; 1,460 ans plus tôt, en 1322 avant Jésus-Christ, toujours le 1er Thoth, il avait lieu quinze jours après ce même solstice; en 2782, quatre jours après le commencement de la crue des eaux, et enfin 1,460 ans encore plus en arrière, en 4244, douze jours avant l'inondation. Comme c'est d'après le calendrier julien que ces dates sont données, l'anomalie du système n'en ressort que davantage.

Il nous paraît donc évident, à tous les points

de vue, qu'on n'a pu constituer un cycle aussi parfaitement ordonné que celui des 1,460 ans de la période sothiaque avec ces éléments accidentels. Du reste, en reportant à l'an 3285 le début du système, non seulement on n'a pas de commencement régulier concordant avec celui du cycle annuel, mais on n'a même pas un commencement de période, puisque cette année est simplement la 957e de la période de 4244 à 2782. Nous ne voyons par conséquent pas à quel titre possible l'an 3285 serait réputé point de départ, puisqu'il n'est le début de rien.

On pourrait être tenté de croire, après tout ce que nous venons de dire, que la période sothiaque n'a peut-être eu, au bout du compte, dans la forme où elle s'offre à nous, que le seul tour de l'an 1322 avant Jésus-Christ à l'an 139 de notre ère. Dans ce cas, sa systématisation en cette forme ne résulterait point de l'observation, mais d'un simple calcul, qui du reste était des plus faciles. De toutes façons, il n'y aurait que la forme qui serait nouvelle ; quant à la période, nul doute que l'origine n'en doive être reportée au delà des commencements historiques de l'Égypte proprement dite. Au quatorzième siècle avant Jésus-Christ, en effet, lorsque débuta la période échue en l'an 139, il y avait fort longtemps que Seth était devenu un dieu ennemi, identifié à Typhon, un dieu étranger même, qui n'aurait pu, par conséquent, imprimer au grand cycle caniculaire le caractère religieux qu'il avait alors et qu'il devait nécessairement avoir depuis le règne des dieux. Rhamsès VII, de la XIXe dynastie, est le dernier roi d'Égypte sur le cartouche duquel ait figuré l'hiéroglyphe symbolique de Seth, la Girafe, si fréquent jusque-là. Cet hiéroglyphe porte ici, sur les monuments, des traces de rature, qui se remarquent dans tous les autres cartouches de souverains antérieurs où on le lisait. La rature paraît devoir être attribuée à quelque révolution religieuse du genre de celle qui, sous la XVIIIe dynastie, renversa les autels du dieu phallique Khem, dont on gratta aussi sur les monuments l'hiéroglyphe, pour y substituer celui d'Amoun, son rival. Ce qu'il y a de certain, c'est que tout le temps que dura la XXe dynastie est marqué par des traces de divisions intestines et de guerres civiles, dont la cause semble devoir être recherchée dans une de ces luttes de simples dénominations religieuses qui se renouvelaient si souvent en Égypte entre localités et nomes différents. Ce temps, dont la durée, comme celle de toutes les grandes guerres religieuses d'une partie de pays contre l'autre, dut être fort longue, de plus d'un siècle probablement, pourrait bien répondre à la période de lutte entre Seth et Horus, où, après une série de combats, rappelés par le fameux calendrier du papyrus n° 346 du Musée de Leyde, Horus l'emporta définitivement et Seth demeura à jamais vaincu. A la fin de la XXe dynastie, en effet, on trouve, dans la nomenclature des rois qui la terminent, deux grand sprêtres, Pahor-Amonsé et Pihmé, tous deux fort probablement chefs du culte exclusif d'Horus, ainsi que paraît l'indiquer le nom, au moins, du premier. Or, dans cette XXe dynastie serait comprise, d'après la chronologie de Manéthon, l'année 1322, où commence la période de 1,460 ans échue en 139 de notre ère. Cette année répond, dans l'histoire d'Égypte, au règne d'un prince appelé du nom de

Menophrès par Théon, nom qui, comme celui de tant d'autres rois de ce pays, pourrait bien n'être qu'un qualificatif. Il signifie « serviteur du Soleil », ce qui convient parfaitement à un Pharaon et de préférence à celui auquel se rattache le début d'une période solaire, d'une ère peut-être. Lepsius, Bunsen et d'autres savants ont cru pouvoir, néanmoins, corriger Théon, et au lieu de Ménophrès, ils veulent lire Menophthès. D'après eux, ce Ménophthès serait le même que Menephtha II, le fils du grand Rhamsès ou Sesostris. Mais comme Ménophrès, ainsi que nous venons de le dire, est un nom très régulièrement égyptien, la correction proposée ne saurait être admise sans preuve. D'ailleurs, on trouve écrit Μενόφρης en même temps que Μενώφρης, avec l'accent sur la pénultième, ce qui nous autorise à conclure que la correction Μενέφθης est contraire aux lois ordinaires de la mutation des voyelles.

Le passage de Théon (1), auquel il est fait allusion dans ce qui précède, a été reproduit par Larcher d'après le manuscrit 2390 de la

(1) Théon, astronome d'Alexandrie, est du quatrième siècle de notre ère.

bibliothèque nationale. Il porte que « de Ménophrès à la fin d'Auguste il s'est écoulé 1,605 ans. » Par la fin d'Auguste, nous savons qu'il faut entendre la fin de l'ère d'Auguste (1), qui concorde avec le commencement de l'ère de Dioclétien en l'an 283 de Jésus-Christ. Si nous retranchons, par conséquent, 283 de 1605, qui est le chiffre de Théon, nous avons juste 1322, soit le commencement exact de la période sothiaque échue en l'an 139 de notre ère. Le fait énoncé par l'astronome alexandrin n'est donc pas douteux ; il y a bien eu en Égypte une ère de Ménophrès, comme il y a eu aussi une ère d'Auguste. Or, en appliquant à l'ère de ce Ménophrès le raisonnement que nous appliquerions à celle du dernier, nous pourrions être autorisé à inférer que du Pharaon en question date, au moins, une réforme du calendrier. Qu'aurait bien pu être cette réforme ? L'histoire ne permet de rien conclure. En supposant que la période, dans la forme que nous lui connaissons, eût eu

(1) Auguste ayant rendu fixe le 1er Thoth mobile en décrétant l'intercalation d'un jour tous les quatre ans, sa réforme fut pour l'Égypte ce qu'on appelait l'*ère d'Auguste*.

déjà un tour, devons-nous croire que Ménophrès eut recours à l'embolisme pour mettre d'accord les levers de Sirius et du Soleil avec le 1er Thoth ? L'hypothèse ne serait pas déraisonnable, mais ce ne serait toujours qu'une hypothèse. Ce qu'il y a de certain, c'est que, même dans sa forme dernière, la période sothiaque était régulièrement systématisée quand Ménophrès la reprit : les monuments le confirment. Champollion y a constaté le premier, antérieurement à ce prince, l'union intime du lever héliaque de Sirius avec le premier jour de l'an : « Je l'ai observée, dit-il, dans le tableau astronomique sculpté au plafond de la salle du Ramesseum, à Thèbes, appelée le Promenoir et qui date de la XVIIIe dynastie. Là Sirius ou Sothis est désigné au-dessus du mois de Thoth sous la forme d'une femme coiffée de longues plumes et portant le nom d'Isis-Thoth, accompagné, comme déterminatif, d'une étoile sculptée ; c'est le nom égyptien de Sirius dans tous les monuments. Au plafond du tombeau de Menephtha Ier, plus ancien encore que le Ramesseum, quoique pareillement de la XVIIIe dynastie, la déesse Thoth porte en même temps le nom d'étoile d'Isis, que toute l'antiquité nous atteste avoir été la désignation de Sirius chez les Égyptiens... Il n'est pas un monument qui ne confirme cette relation de l'étoile d'Isis avec le premier mois de l'année. » D'autre part, l'image du Phénix, que l'on doit considérer comme symbolique de la période, se voit sur des inscriptions de cette même XVIIIe dynastie, antérieure de plusieurs siècles, avons-nous dit, à l'ère de Ménophrès. Puis, au delà de cette dynastie, on a les Hyksos, sous le règne desquels n'a pu s'établir un système de calendrier étranger dans ses différentes formes aux races conquérantes et si intimement lié, au contraire, aux cultes religieux de l'Égypte. Du reste, à l'année 1322 avant Jésus-Christ manquait un terme que nous croyons essentiel au début de la période, celui de la concordance de la notation hiéroglyphique avec l'ordre naturel des saisons. Cette année-là, le 1er Toth, qui, dans le calendrier, ouvre la saison des pousses, tomba, en effet, dans celle des récoltes.

Les opinions émises jusqu'à ce jour sur l'origine et le caractère primitif de la systématisation sothiaque étant contredites par les raisons que nous venons d'exposer,où semble-t-il préférable de placer cette origine et qu'y a-t-il à la base du système ? La solution que nous proposerons est celle qui nous paraît le mieux répondre à un fait général dans l'histoire, celui de l'antériorité des lunaisons sur tout autre mode de division du temps.

CHAPITRE V

Nous avons fait allusion, dans le chapitre précédent, au Phénix comme se rattachant à la période sothiaque. Ce n'est pas à dire, néanmoins, que nous confondions, ainsi que l'a fait Tacite, le Phénix avec Sirius, le cycle du premier avec celui du second. Ces deux périodes sont parfaitement distinctes; mais, si elles ont jamais existé concurremment, ce qui est fort probable, nous croyons pouvoir établir que l'une n'a été qu'une transformation de l'autre ou, en d'autres termes, que le soleil a succédé plus ou moins immédiatement à la lune dans la systématisation du cycle et que de là est résultée la transformation dont il s'agit.

Qu'était-ce, d'abord, que le Phénix? « Il y a en

Égypte, dit Hérodote (1), un oiseau sacré qu'on appelle de ce nom ; mais je ne l'ai jamais vu, si ce n'est en image; car il vient très rarement, une fois tous les cinq cents ans, selon ce que rapportent les gens d'Héliopolis ; et il ne vient que lorsque son père est mort. A en juger par la peinture, une partie de ses plumes serait rouge, l'autre dorée, et, pour la grandeur comme pour la forme, il ressemblerait à l'aigle. Voici, dit-on, ce qu'il fait, quoique cela ne me paraisse pas croyable : arrivant de l'Arabie, il apporte son père enveloppé de myrrhe dans le temple du Soleil à Héliopolis et l'y ensevelit. Pour cela, il pétrit de la myrrhe et en forme un œuf aussi gros que ses forces lui permettent de le porter, car il s'y est d'abord essayé, et ce n'est qu'ensuite qu'il creuse l'œuf, pour y mettre son père ; puis il le referme avec de la myrrhe encore, de manière à avoir le même poids qu'avant, et il emporte le tout en Égypte dans le temple d'Héliopolis. » Le récit de Tacite (2) a quelques variantes, mais le seul trait essentiel que nous y

(1) II, 73.
(2) *Annales*, VI, 28.

remarquions, c'est celui qui est relatif à la périodicité du retour de l'oiseau. « L'opinion la plus répandue, dit-il, est qu'il vient tous les 500 ans, quoiqu'il y en ait qui parlent de 1,461 ans. » Ce dernier chiffre est, comme on le voit, celui de la période sothiaque : 1,461 années vagues égyptiennes de 365 jours ou 1,460 années juliennes de 365 jours et 6 heures. Achilles Tatius (1) ajoute que les plumes du Phénix, partie couleur d'or et partie couleur de pourpre, imitent les rayons du soleil, et que l'oiseau porte sur sa tête le disque solaire (2). Enfin, suivant d'autres auteurs, il a la forme de l'aigle, et quand il a vécu 500 ans, il construit un bûcher de bois aromatique, sur lequel il se place et où il met ensuite le feu; mais il ne tarde pas à sortir de ses cendres rajeuni et doué d'une vie nouvelle, et le troisième jour il reprend son essor, pour retourner en Orient.

Il est impossible de ne pas voir dans ce tableau le symbole d'un cycle quelconque. L'oi-

(1) III, 25.

(2) Cf. Philostrate, *Vie d'Apollonius de Tyane*, III, 49 et Pline, X, 2.

seau mystique arrive des régions de l'Est, où le soleil se lève, et c'est en Occident, où le soleil se couche, qu'il a son tombeau. Il y a là déjà une forte présomption que le mythe lui-même est originaire de l'Asie, par rapport à laquelle l'Égypte était jadis l'extrême Ouest. Or, à l'Est, l'Égypte a immédiatement à côté d'elle l'Arabie et la Phénicie. Celle-ci est étymologiquement la région des palmiers. C'est, en effet, le sens du mot Phœnix, qui est tout à la fois le nom de la contrée et celui de notre oiseau. D'autre part, le palmier, dans le système hiéroglyphique, est le signe de l'année et des périodes régulières de temps, suivant la remarque de Max Dunker (1). L'hiéroglyphe du Phénix nous paraît, du reste, tout à fait caractéristique à cet égard. C'est, tantôt un homme ailé dans l'attitude de quelqu'un qui prie, posé sur une moitié de sphère, avec des plumes d'autruche sur la tête et une étoile dans un des côtés du signe ; tantôt un oiseau avec des mains et priant, accompagné de l'étoile et posé sur la demi-sphère. Comme signe hiéroglyphique, l'étoile indique une division astro-

(1) *Geschichte des Alterthums*, I, 1, 4.

nomique du temps. Quant à la prière, elle doit symboliser les fêtes religieuses qui se célébraient au renouvellement des cycles (1). C'était autrefois et plus récemment en Amérique, ainsi que nous le disions en commençant, une opinion généralement répandue, que le monde devait finir au terme d'une période de calendrier. Les derniers jours de la période se passaient dans une attente anxieuse de ce qui allait arriver, comme l'Europe chrétienne attendit dans l'hébêtement de la terreur l'échéance cabalistique depuis si longtemps redoutée de l'an mille. Le retour, au contraire, de l'astre régulateur du temps passait pour une nouvelle apocalypse et était salué avec des transports de joie : l'humanité croyait avoir échappé à un cataclysme. Nos visites et nos échanges de vœux du jour de l'an rappellent encore les félicitations dont on se comblait les uns les autres, au renouvellement de chaque période, heureux que l'on était de se retrouver sains et saufs.

Emblème cyclique, le Phénix a donc été

(1) Schwenck, *Die Mythologie der Ægypter*, dritte Abtheilung, p. 175.

aussi un des symboles, bien que symbole transformé, ainsi que nous le ferons voir, de Sothis comme soleil de nuit et soleil de jour. Par conséquent, la périodicité de ses métamorphoses désignait une forme de période cynique ou sothiaque.

La preuve que nous allons essayer de ces deux faits importants doit amener la conclusion que nous avons déjà fait pressentir, à savoir que le sidérisme, en Égypte comme ailleurs, se superposa, antérieurement à la royauté prépondérante du Soleil du jour, à la Lune et à la Terre-Mère.

Les Grecs paraissent avoir appliqué, dans l'origine, le nom de Sirius (Σείριος), non seulement au Grand-Chien, mais encore au Soleil lui-même et à tous les astres. Sophocle le restreignait à la Canicule, mais Archiloque le donnait au Soleil (1). L'étymologie la plus probable de ce mot est le sanscrit sur. De là a été formé le substantif *suras*, *suryas*, identique au grec σείριος, mais avec le sens de Soleil exclusivement. Le latin *sol* se rattache aussi à la même racine

(1) V. Hesychius. — Cf. Archiloque, fr. 63. — Ibykus, fr. 3.

sanscrite *sur*. Or, en confondant ainsi dans une même dénomination le Soleil avec la brillante étoile du Grand-Chien, les Grecs n'ont pas suivi une tradition aryenne; ils ont subi l'influence du dogmatisme asiatique. Dans toute l'Asie occidentale, en effet, le vrai soleil modérateur de la création paraît avoir été originairement Sirius. Le roi de la nuit était une source de chaleur et de vie; il était aussi une cause de mort. Il vivifiait et transformait. Le Soleil du jour tirait de lui toute sa force. C'était, du reste, un des dogmes fondamentaux du Sabéisme, que le principe du feu résidait dans les étoiles, plus particulièrement dans les brillantes constellations du Grand-Chien et d'Orion. Le feu sacré, descendu du Ciel à la prière de Zoroastre et que les Perses adoraient, venait de cette dernière (1). Suivant un système de correspondance reproduit au dernier siècle par Svedenborg, tout être, tout objet quelconque avait son type dans ce que l'on appelait en Perse son *Ferver* : les manifestations du jour n'étaient de la sorte que la reproduction des

(1) *Clem. Recogn.* IV, 26, p. 176. — *Chron. Pasch.*, t. I, p. 67. — Malala, p. 18. — Cf. Cedrenus, t. I, p. 29.

drames originaux de la nuit, comme, plus tard, le monde physique en général ne fit que reproduire un monde moral archétype et éternel. Or, le type du Soleil du jour, parmi les énergies nocturnes, réputées premières dans le Chthonisme, fut une étoile quelconque un peu plus brillante que les autres ou même une planète, mais plus particulièrement une des étoiles d'Orion.

On n'a qu'ainsi la raison de ces étoiles ou planètes dites solaires, comme Mars solaire, Saturne solaire, tout à la fois soleils multiples de la nuit et soleil unique du jour. Baal, chez les Sémites, par exemple, était Saturne et le Soleil, Melkarth était Mars et le Soleil encore.

Sirius, suivant l'expression de Movers (1), allumait le Soleil du jour, qui lui devait sa chaleur. C'était un soleil typique. Il semble dès lors tout naturel que le lever de la Canicule, au moment précis où pointe l'aurore, ce qu'on appelle son lever héliaque, passât pour une sorte d'enfantement solaire. Faire ensuite de la naissance du soleil diurne ainsi entendue un commence-

(1) *Rel. der Ph.*, p. 405.

ment de période de calendrier, c'était une conclusion qui s'offrait d'elle-même à l'esprit naïf de gens pour lesquels une période astronomique représentait une vie astrale.

D'après ces données, constatons la nature tout à la fois solaire et cynique du Phénix. Nous avons vu plus haut que cet oiseau symbolique venait d'Orient, de la Phénicie ou de l'Arabie ; qu'il avait la forme de l'aigle, avec des plumes rouge et or imitant les rayons du soleil ; qu'il portait le disque solaire sur la tête ; que, au terme de sa vie, enfin, il se construisait un bûcher de bois aromatique, sur lequel il se plaçait, et que, après y avoir mis le feu et s'être ainsi brûlé lui-même, il renaissait de ses cendres le troisième jour.

Un des symboles solaires les plus communs en Orient, c'était l'aigle. Ælien en donne une raison, qui n'est pas la véritable, mais qui confirme le fait. Ce serait, selon lui, à cause de la hardiesse de son vol, toujours dirigé contre l'astre du jour, dont il brave les rayons, que cet oiseau aurait été choisi de préférence pour symboliser le soleil. Il est beaucoup plus probable que le symbole en question appartient au même cercle d'idées que le faucon d'Indra et le *picus feronius* ou *martius* des Latins. Dans plusieurs endroits des Védas, Agni, le feu céleste, figure comme oiseau aux ailes d'or, et l'épithète de *bhuranyu*, qui contient la double signification de *porter* et de *rapidité* et qui est donnée deux fois à Agni ainsi conçu (1), nous paraît expliquer en partie l'origine de cette image. Nous ne croyons pas, néanmoins, que l'image elle-même soit du pur aryanisme : il y a là, ce nous semble, quelque chose de plus particulier au culte du feu proprement dit et des astres qu'à celui du jour et des puissances de l'atmosphère, qui était la religion des Aryas. Ceux-ci nous paraissent l'avoir reçue du Sabéisme, peut-être à une époque où les Bhrigus, une de leurs fractions, auraient élevé la notion du feu céleste au rôle de principe premier. Il est certain, du moins, que le symbole de l'oiseau-lumière se retrouve parmi des races qui n'ont rien de commun avec les Indo-

(1) Ad. Kuhn, *Die Herabkunft des Feuers und des Göttertranks*, pp. 21 et suiv. — Cf. aussi ma brochure *De l'Origine des dénominations ethniques dans la race aryane*, p. 26.

Européens, et que ce symbole est même là plus naturellement à sa place que chez ces derniers. David Malo raconte, dans son *Histoire Hawaïenne* (1), que Maniakalana, un roi de Hawaii, s'étant transporté dans le soleil, y chercha le feu et le trouva dans un oiseau à bec rouge du nom d'Alae. D'après Philon, cité par Eusèbe (2), Zoroastre enseignait que la divinité suprême, c'est-à-dire le principe de la lumière dans le Mazdéisme, avait la tête d'un aigle. L'aigle était l'enseigne militaire des Perses, le drapeau de leur empire (3), ce qui implique un symbole divin. Nous savons que, pour la plupart des peuples de l'antiquité, le guidon du combat, porté en tête des troupes, était l'image du Dieu archigète. Ælien a, du reste, confondu, suivant une pratique fort commune chez les Grecs, les Perses avec les Assyriens, auxquels ils succédèrent. Il est certain, en effet, que le dieu des Assyriens était un aigle : les monuments en font foi, et la Bible le confirme. On lit au chapi-

(1) *Ka Moolelo Hawaïi*, trad. Jules Remy, p. 85 et 86.
(2) *Præpar. evangel.*, I, 10.
(3) Ælien, *De anim.*, XII, 21.

tre XIX du IIe Livre des Rois, reproduit à peu près textuellement par le chapitre XXXVII d'Isaïe, que Sennachérib, obligé de lever le siége de Jérusalem, après avoir perdu devant cette ville cent quatre-vingt-cinq mille hommes, frappés de mort par l'Ange de Jehovah, regagna précipitamment Ninive, où, un jour « qu'il priait dans le temple de son dieu Niçrokh, ses deux fils Adrameleckh et Schar-Eçer le tuèrent à coups d'épée (1). » Or, Niçrokh est un mot que l'on rattache communément au radical *neschr*, un *aigle*, suivi de l'adformante *kh*, particulière à la langue assyrienne, comme dans Adrakh pour Adar, Ariokh pour Ari, Merodakh pour Marad. C'est le même que le dieu à tête d'aigle dont le nom a été lu Assarak, pour Assar et Assur, et que l'on rencontre dans une foule de bas-reliefs (2). Nous serions assez disposé à identifier, même lexiquement, cet Assarak avec Niçrokh, en faisant du *noun* (n) initial de ce dernier mot un simple préformatif indépendant, particulier à un dialecte Il est certain, par exemple, que

(1) I, Rois, XIX.
(2) Layard, *Niniveh and Babylon*, 637.

Nimrod était identique, comme dénomination de la planète Mars, à Merodakh, qui, ainsi qu'on le voit, est le même mot avec l'adformante assyrienne *kh* en plus et moins la préformante *n* : l'un et l'autre appartiennent au radical *marad*, diversement infléchi.

Quant à la signification de cet aigle, elle ressort des faits suivants.

Ottfried Müller a démontré, dans une savante dissertation, à laquelle nous devons nous contenter de renvoyer (1), que le dieu Sandan, dont on peut suivre les traces en Cilicie, en Lydie et en Assyrie, était le même que Sardanapale, et que celui-ci était bien véritablement, dans les traits généraux de son histoire, un composé mythologique. Or, le nom de Sardanapale se décompose en *Sardan-apala*, et la première partie de ce nom se présente sous une foule de formes, qui contiennent toutes le radical *Assar*, c'est-à-dire le dieu à tête d'aigle. Ces formes sont Assar-adan, Assar-adon, Assarakh-adan, Sar-dan, Sarackh-adan, etc. Sar n'est qu'une abréviation d'Assar,

(1) *Sardan und Sardanapal* dans le *Reinisches Musæum für Philogie, Geschichte und griechische Philosophie*, 3e ann., p. 22-39.

qui, lui-même, peut devenir Assarakh, comme nous l'avons dit, en prenant l'adformante *kh*, particulière au dialecte assyrien. Aussi Marcus Niebuhr identifie-t-il Sardanapale, comme nom du dernier roi d'Assyrie, avec le roi Sarakh (1). On a, pour signification du composé, le *Grand Seigneur Assar* ou d'*Assur*, *Adon* n'étant autre que l'*Adonaï* hébreu et le *Don* punique, avec le sens de *Seigneur*, et la finale *pal* le qualificatif persan *pala*, grand, élevé. Il ressort de ces explications qu'Assarakh, ou Assar et Assur, l'aigle, est le même que Sardan, ou San-dan et Sandon.

Qu'était-ce donc que celui-ci ?

Nous ne pouvons entrer dans le détail de sa légende, étrangère en partie à l'objet que nous avons en vue. Il nous suffira d'en reproduire les traits caractéristiques. Sandon était un dieu soleil, et c'est comme tel qu'on le voit figurer, sur les monuments de Ninive, luttant avec la massue contre le lion et d'autres animaux symboliques du Zodiaque. Aussi les Latins et les Grecs faisaient-ils de lui un Hercule (2), de même qu'ils

(1) *Geschichte Assur's und Babel's*, p. 39.
(2) Tacite, *Annales*, 12, 13. — Agathias, II, 24.

identifiaient encore à leur Hercule le Melkarth de Tyr, un autre Sandon symbolisé par l'aigle, avec caractère solaire parfaitement déterminé. Or, ce même Sandon, aigle et soleil tout à la fois par son étymologie et par ses attributs mystiques, rappelle par un des côtés les plus saillants de sa physionomie la périodicité cyclique du Phénix. Comme celui-ci, au terme de sa carrière, il se sacrifiait volontairement sur un bûcher, qui le consumait, et de ses cendres il renaissait ensuite à une vie nouvelle. Le bûcher était une base carrée, formée de troncs d'arbres et surmontée d'une pyramide, que couronnait un aigle aux ailes éployées, image de Sandon. Nous avons vu plus haut qu'Hérodote compare le phénix à l'aigle, pour la grandeur comme pour la forme, et que, d'après cet auteur, ainsi que d'après Achilles Tatius, le plumage de cet oiseau était couleur pourpre et or. Les mêmes nuances étaient aussi celles de la tunique du Sandon lydo-assyrien, et l'on sait que l'empereur Commode, quand il voulut poser pour Hercule, s'affubla de ce costume (1) symbolique, à l'imitation de Sardanapale. A Rome,

(1) Hérodien, I, 12.

où une pareille exhibition ne répondait à rien, et dans la personne d'un fou furieux comme l'indigne fils de Marc-Aurèle, ce ne pouvait être qu'une méprisable mascarade : mais en Orient, où les rois passaient pour des incarnations de la divinité, pour ses vivantes représentations, ses vicaires et ses papes, la robe de pourpre tissée d'or sur le dos d'un Sardanapale était un symbole au même degré que la plupart des ornements dont se compose le costume de cérémonie du sacerdoce catholique.

Tout concourt donc jusqu'ici à prouver que le Phénix d'Égypte au plumage rouge et or était originairement le même que le dieu-aigle assyrien. Ovide fait, du reste, venir le Phénix d'Assyrie : *ales quam Assyrii Phœnica vocant* (1). Un dernier trait complète l'identité en question. De même que le Phénix symbolisait tout à la fois le soleil et Sirius, Sandon était dieu solaire le jour, et la nuit il était Orion (2). Quant à la signification de l'aigle comme symbole de renaissance à

(1) *Métam.*, XV, 393.

(2) Movers, 470 et suiv. — Otfr. Müller, *Orion* im *Rheinischen Museum*, 77e année.

une vie nouvelle et d'immortalité, on la retrouve jusque chez les Romains. Sur une foule de leurs tombeaux, en effet, on voit l'aigle s'élancer vers le ciel avec un diadème sur la tête, et dans beaucoup de médailles, frappées à l'occasion d'apothéoses impériales, le même oiseau figure emportant l'image des Césars déifiés ou, pour parler plus correctement, élevés au rang d'immortels. Quelquefois l'aigle n'emporte que la boule du monde ou le bâton du commandement, mais l'idée n'est pas différente.

De ces faits il ressort que le Phénix était bien identique à l'aigle assyrien avec le sens de soleil du jour et de soleil de la nuit. Par conséquent, la périodicité symbolique de ses apparitions ne pouvait figurer qu'un cycle combiné de l'élément solaire et d'un autre élément pris parmi les brillantes étoiles d'Orion ou du Grand-Chien. L'aigle était, d'ailleurs, lui aussi, un symbole de période; car il n'est pas possible qu'il figurât la renaissance et l'immortalité autrement qu'à cause de quelque rénovation cyclique.

CHAPITRE VI

Les éléments astronomiques dont se compose la période sothiaque, le Soleil et Sirius, se retrouvant au fond du mythe du Phénix, il pourrait y avoir lieu d'inférer que le cycle de cinq cents ans a été, sinon le type, du moins le point de départ immédiat du grand cycle caniculaire. Par conséquent, nous devrions conclure que l'année de 365 jours, qui forme la base de ce dernier cycle, n'est pas l'année égyptienne primitive. C'est, du reste, un fait établi par la tradition comme par les découvertes de la science, que les Égyptiens n'ont pas toujours eu l'année que nous venons de dire. D'ailleurs, si la concordance du lever héliaque de Sirius au 1er Thoth avec le début de la saison des pousses ou de la végétation est bien, comme nous l'avons dit, la condition essentielle de la systématisation sothiaque, l'hypothèse d'une période de 1461 ans ayant commencé dans ces données doit paraître inadmissible. En effet, la durée d'un tour complet de la notation, ou, en d'autres termes, le temps que les signes des saisons, avec l'année trop courte dont il s'agit ici, mettent à faire leur mouvement, de manière à concorder de nouveau avec les saisons véritables, différant du temps que met le lever héliaque de Sirius à revenir, dans cette même période, à son point de départ, il est impossible que, dans l'Histoire, il y ait jamais eu accord entre les deux échéances. Étant supposé un cycle qui aurait commencé le 1er Thoth d'une première tétraménie d'accord avec l'ordre naturel des saisons, la rencontre des mêmes éléments ne se présenterait de nouveau qu'au bout d'un nombre infini de siècles, et encore ne serait-elle qu'approximative. Notre incompétence nous force à laisser aux savants astronomes le soin des calculs qu'il y aurait à faire pour ramener la concordance des débuts de l'année tropique, base des saisons, et de l'année sidérale, avec la donnée d'un cycle semi-tropique et semisidéral comme était celui des 1460 années julien-nes du système sothiaque.

En posant que, dans le principe et antérieurement à toute systématisation de périodes à longs termes, le 1er Thoth a dû concorder avec le commencement de la saison figurée dans la notation par des pousses de plantes, nous ne restituons pas seulement à cette notation son véritable caractère, nous constatons encore en Égypte un fait général, que l'on rencontre partout, à l'origine des calendriers, celui du commencement de l'année au printemps. Un cycle, avons-nous dit, était une vie divine ; il débutait, par conséquent, comme débute la vie. Les solstices, il est vrai, chez bien des peuples anciens, ont aussi été pris pour points de départ, mais non pas au sortir des computs lunaires. Avant de faire entrer le calcul des mouvements du soleil dans le règlement de l'année, on y a d'abord compris les saisons. La systématisation par les saisons a précédé la périodicité solaire proprement dite : nous en avons un exemple en Égypte même.

Lepsius a déjà fait l'observation que l'année lunaire formait l'arrière-fond du calendrier égyptien. Il aurait pu ajouter que tous les calendriers où figure la division par mois naturels ont eu la même origine. Si les révolutions apparentes du soleil donnent les saisons et l'année, les mouvements de la lune donnent seuls les mois. Les lunaisons sont dans la nature, par conséquent aussi les mois lunaires. Quant aux mois dits solaires, ce sont des divisions purement conventionnelles, dont l'idée ne serait peut-être jamais venue à l'esprit des hommes, du moins avec tant d'accord, si elles n'avaient eu les lunaisons pour base. En Égypte, la superposition du soleil à la lune, sous ce rapport, est établie d'ailleurs par une tradition fort curieuse. Voici cette tradition, telle que la donne Plutarque :

« On dit que Rhéa eut en secret et à la dérobée commerce avec Saturne. Le Soleil, s'en étant, néanmoins, aperçu, fut fort courroucé et maudit Rhéa, prononçant contre elle cette imprécation : « Puisse-t-elle ne trouver ni dans le mois ni dans l'année un jour pour accoucher ! » Mais Hermès, qui était amoureux de la déesse, ayant joué aux dés avec la lune, lui gagna la soixante-douzième partie (1) de chacune de ses manifestations et en fit cinq jours, qu'il ajouta aux 360 de l'année. Ce sont ces cinq jours que les Égyptiens nomment épagomènes ; ils les célèbrent par des fêtes comme étant ceux où naquirent les dieux : le premier jour, Osiris. Au moment de la naissance de ce dieu, une voix fit entendre ces mots : « C'est le maître de toutes choses qui paraît à la lumière. » On raconte qu'un certain Pamylès, à Thèbes, puisant de l'eau dans le temple de Jupiter, entendit une voix qui lui ordonnait de crier de toutes ses forces : « Le grand roi, le bienfaisant Osiris, vient de naître ; » que, pour cette raison, Cronos (Saturne) lui confia l'enfant et le chargea de l'élever, et que c'est en mémoire de cet événement qu'on célèbre la fête des Pamylies, qui ressemble à nos Phalléphories. Le deuxième jour naquit Arouéris, que l'on appelle aussi Horus le Vieux ; le troisième, Typhon ; le quatrième, Isis ; le cinquième, Nephthys. On ajoute qu'Osiris et Arouéris avaient été conçus du Soleil, Isis d'Her-

(1) Des textes portent un 70e, mais c'est une erreur ; 72 multiplié par 5 donnant exactement 360, c'est un 72e qu'il faut lire.

mès, Typhon et Nephthys de Cronos. Le troisième des jours épagomènes était considéré par les rois comme néfaste, parce que c'était celui où naquit Typhon. On dit encore que Typhon fit de Nephthys sa femme ; qu'Isis et Osiris, amoureux l'un de l'autre, s'étaient unis ensemble avant leur naissance et quand ils étaient encore cachés à la lumière dans le sein maternel. De cette union, au dire de quelques-uns, serait même né Arouéris, celui que les Égyptiens appellent Horus l'Ancien et les Grecs Apollon (1). »

Il ressort de là que, en Égypte, comme dans beaucoup d'autres pays du reste, il y avait, antérieurement à l'année de 365 jours, une année semi-solaire incomplète de 360 jours seulement, qui s'était développée de l'année lunaire et avait la prétention de mettre l'ordre des saisons, sinon le soleil, d'accord avec la lune. C'est le soleil, en effet, qui refuse toute place dans l'année aux cinq nouveaux venus ; l'année lui appartenait donc déjà. Comme, d'ailleurs, c'est à la lune qu'Hermès gagne les cinq jours épagomè-

(1) *De Is. et Osir.*, 12.

nes dont il fait cadeau à Rhéa, on ne peut voir là que l'image du prolongement d'une année originairement lunaire.

Le souvenir de cette substitution d'une année solaire incomplète ou demi-solaire à l'année des douze lunaisons s'est, du reste, conservé ailleurs encore que dans la fable. Manéthon raconte que, sous le règne de Necherôphès ou Necherôchis, les Libyens, qui avaient fait défection, effrayés d'un agrandissement démesuré de la lune, revinrent d'eux-mêmes à l'obéissance (1). Ici par agrandissement de la lune on ne saurait entendre que la substitution en question. Il était tout naturel que la réforme, avec les idées religieuses qui s'attachaient au calendrier, considéré comme une sorte de drame divin, se présentât, pour pouvoir être acceptée sans soulever trop d'opposition, sous l'apparence d'un agrandissement de l'astre lui-même.

Lepsius a donné de la fable racontée par Plutarque un commentaire, dans lequel il laisse entendre que ce qu'il appelle la réduction de la lune indiquerait une année lunaire, originaire-

(1) Jules Africain dans le Syncelle, 56, et Eusèbe, 57.

ment de 300 jours, ramenée dans ses limites vraies. Cette interprétation ne nous paraît pas pouvoir être admise. Il n'y a pas, en effet, d'année lunaire proprement dite, ainsi que nous venons de le voir; il y a eu seulement, à l'origine, douze lunaisons, au terme desquelles les saisons ont paru d'abord se renouveler et le soleil revenir à un même point du ciel. Or, ces douze lunaisons n'ont pu produire 360 jours, mais 355 tout au plus. Nous verrons ultérieurement que, en Égypte, il y a eu, en effet, une période de trente ans basée sur une année lunaire de 354 jours. En préposant à l'année solaire une année lunaire plus ancienne, Lepsius aurait donc pu conclure, comme nous le faisons, nous, de ce qui précède, que les additions successives faites à l'année devaient nécessairement passer pour des agrandissements de la lune.

CHAPITRE VII

Partant de ce fait, que l'année solaire plus ou moins complète a été précédée en Égypte d'une année lunaire de 354 jours 1/4, comme le cycle caniculaire est antérieur à toute systématisation héliaque, nous devons nécessairement supposer que les conditions en étaient dans l'origine différentes de celles que nous connaissons. Nous venons de constater que le Phénix, dont nous avons reconnu le caractère cyclique et la signification sothiaque, était un symbole du soleil de la nuit comme du soleil du jour. Hermapion traduit par « Phœnix » le nom de « Benno Thoth » qu'on lit sur l'obélisque de la Porte du Peuple à Rome, et d'autre part on trouve sur les monuments le dieu Thoth, transformé en Hermès sous l'influence grecque, tenant de la main droite une sorte de lance ou caducée et portant dans la main gauche l'image du Phénix (1). Le Phénix était donc un symbole de Thoth, en même temps qu'un symbole cyclique. Ce dernier trait de son caractère, déjà suffisamment établi par tout ce qui précède, est confirmé par un passage de Pline, où il est dit que la mort du Phénix signifie l'échéance d'une longue période à l'équinoxe du printemps (2). Il n'est donc pas douteux que le mystérieux oiseau ne symbolisât une des phases par lesquelles a dû passer la période sothiaque. Quelle a pu être cette phase ? Nous savons que, après avoir été d'abord identique à Seth, qui, lui-même, l'avait été à l'Oannès chaldéen, ainsi qu'on le verra plus loin, Thoth se transforma, en arrivant en Égypte et dans son contact avec l'Osirisme, en simple compagnon, tantôt d'Osiris, tantôt d'Isis, et que, délogé finalement de l'étoile de

(1) E. Seyffart, *Die Phœnixperiode*, dans la *Zeitschrift der deutschen morgenlændischen Gesellschaft*, 3. B., p. 64 et suiv.

(2) *Cum hujus alitis vita magni conversionem anni fieri prodidit Manilius iterumque significationes tempestatum et siderum easdem reverti Hoc autem circa meridiem incipere quo die signum Arietis sol intravit.* Plin. *H. N.*, X, 2.

Sirius, il s'opposa à cette même Isis dans la lune avec le caractère de dieu Lunus et de fécondateur. Le Phénix, comme emblème de Thoth, le dieu à tête d'ibis, doit donc figurer un ordre de choses cyclique à base lunaire, mais avec éléments solaires surajoutés, attendu que, sans ces éléments, ainsi que nous le dirons, il ne saurait y avoir de période de durée. D'après Manilius, dans le passage précité de Pline, le Phénix était l'image du grand cycle dont l'échéance ramenait la concordance des saisons avec l'état du ciel au début de la période ou, en d'autres termes, la concordance du 1er jour de l'année avec le commencement du printemps, au moment où le soleil entrait dans le signe du Bélier. Aujourd'hui, par suite du mouvement rétrograde du nœud équinoxial, qui est d'environ un degré en 72 ans, le commencement du Bélier, considéré, non plus comme simple signe du zodiaque immobile, mais comme constellation dans le zodiaque étoilé, ne répond plus à la première intersection de l'équateur et de l'écliptique, c'est-à-dire à l'équinoxe du printemps; mais il y a répondu pendant une durée de près de vingt-deux siècles. Le commencement de l'année, en Égypte, à cet équinoxe est, du reste, confirmé par des données traditionnelles, dont il nous suffira, pour en convaincre, de rappeler quelques-unes.

Hérodote raconte que, Hercule voulant à tout prix voir Jupiter, qui refusait de se montrer à lui, le dieu imagina d'écorcher un bélier et de se revêtir de sa toison, en posant la tête de l'animal devant son propre visage. En cet état, il se fit voir à Hercule. « C'est pour cela, ajoute Hérodote, que les Égyptiens représentent Jupiter, qu'ils appellent Ammon, avec une tête de bélier. Les Thébains ne sacrifient donc pas les béliers, qu'ils considèrent comme sacrés ; une seule fois par an, le jour de la fête de Jupiter, ils en immolent un ; ils l'écorchent, et ils revêtent de sa toison la statue du dieu, devant laquelle ils amènent celle d'Hercule. Cette cérémonie accomplie, tous les prêtres du temple se frappent la poitrine en signe de deuil, pleurant la mort du bélier (1). » Comme l'Hercule égyptien, quel que soit le dieu que les Grecs aient voulu désigner

(1) L. II, c. XLII.

par là, était un dieu solaire, tournant avec le soleil, de même qu'Hermès ou Toth tournait avec la lune, ainsi que s'exprime Plutarque (1), il n'est pas douteux que le mythe conservé par Hérodote ne doive s'entendre du passage du soleil dans la constellation du Bélier. Baur, qui interprète ainsi ce mythe (2), n'hésite même pas à y voir le type de la Pâque israélite. D'autre part, Ovide, en rappelant le Jupiter Ammon « aux cornes recourbées des populations libyennes », le qualifie de « chef du troupeau » des dieux fuyant devant Typhon sous des figures d'animaux, ce qui ne saurait s'entendre ici que des douze signes du zodiaque (3). Plutarque semble le reconnaître, en opposant Typhon, comme soleil brûlant du jour, aux astres réputés plus propices de la nuit. Le sacrifice du bélier et le deuil des prêtres sont d'ailleurs tout à fait caractéristiques. Dans les idées des anciens, le sacrifice était le principe de la vie ; c'était par lui que la vie s'entretenait. L'immolation à un dieu de l'animal

(1) *De Is. et Osir.*, 41.
(2) *Tub. Zeitschr.*, 1832, I, p. 42.
(3) *Métam.*, V, 327.

qui lui était consacré ou qui le figurait était pour le dieu une sorte de transfusion d'élément vital homogène, qui le vivifiait : symbole qui, transporté dans le christianisme, y a élevé le sacrifice de la croix à l'état de mystère d'un dieu s'immolant à lui-même. De même que dans le Phénix renaissant de ses cendres, il faut donc voir dans le sacrifice du bélier au dieu « à cornes recourbées » l'image d'une fin et d'un renouvellement d'ordre cosmique ou de vie divine. Le deuil des prêtres se frappant la poitrine rappelle enfin trop clairement le deuil que l'on retrouve partout au terme de chaque période, pour douter que, dans le récit d'Hérodote, il s'agisse effectivement d'une reprise cyclique. Hygin dit positivement, du reste, d'après Hermippus, que l'Ammon d'Égypte était bien le même que le bélier céleste, et il ajoute que, lorsque le soleil entrait dans ce signe, toutes choses renaissaient sur la terre, et c'était la saison du printemps. L'armée céleste se reformait, et Ammon, comme prince des douze constellations zodiacales, en prenait la conduite. Voici ce curieux passage :

« Hermippus raconte que, au temps où Liber combattait en Afrique, son armée arriva dans un endroit, qui, à cause de la grande quantité de poussière, est appelé Ammodes. L'eau venant à manquer, l'armée menaçait de faire défection. Tandis qu'on était à se demander ce qu'on pouvait faire, un bélier errant se jeta tout à coup au milieu des soldats, qu'il se hâta d'éviter en prenant la fuite. Mais les soldats, qui l'avaient aperçu, quoique la poussière et la chaleur ralentissent leur marche, enflammés à la vue d'une proie à conquérir, suivirent le bélier jusqu'au lieu où fut bâti ensuite le temple de Jupiter Ammon. Y étant arrivés, ils ne purent jamais retrouver le bélier qu'ils avaient poursuivi; mais, ce qui valait mieux, ils rencontrèrent dans cet endroit une grande quantité d'eau. S'étant bien remis de leur fatigue, ils annoncèrent aussitôt la chose à Liber, qui, ravi, mena son armée de ce côté, éleva un temple à Jupiter Ammon avec une statue à tête de bélier, figura le bélier lui-même parmi les astres, de façon que, lorsque le soleil se trouverait dans ce signe, toutes les choses qui viennent dans la saison du printemps renaquissent à la vie, à cause de ce que, par cette fuite, Liber avait pu reformer son armée. Il voulut, en outre, qu'il fût le premier des douze signes, parce qu'il avait été le meilleur guide (1). »

Ammon était donc le bélier céleste, et l'entrée du soleil dans ce signe marquait bien le commencement d'une période, celui de la période annuelle. Lorsque nous disons que l'année égyptienne a débuté, dans le principe, à l'équinoxe du printemps, conformément à la notation hiéroglyphique, qui place le premier Thoth au commencement de la saison des pousses, *cum omnia nascentia recreantur*, nous avons donc pour nous, outre le témoignage de cette notation, celui de données traditionnelles certaines.

En plaçant au 23 mars de la dix-neuvième année du règne de Tibère la mort de Jésus-Christ, pour le faire ressusciter le 25 mars, qu'il suppose être le jour de l'équinoxe, Cedrenus dit que ce jour-là, qui était celui de Pâques, le soleil entrait dans le signe du Bélier (2), et il ajoute que ce

(1) Hyg., *Poeticon Astronomicon*, II, *Aries*.

(2) *Eratque dies paschalis, quo sol ingressus est primum signum Arietis.*

même jour était solennel et très célèbre chez les Égyptiens : *eratque dies ille solemnis ac celeberrimus apud Ægyptios*. C'est encore un 25 mars, jour où le Sauveur ressuscita d'entre les morts, que, d'après des théologiens, doivent avoir lieu la résurrection finale et le jugement dernier, suivis de la nouvelle vie dans l'éternité. Le retour du soleil dans le signe du Bélier ou de l'Agneau céleste annonçait une résurrection de la nature, une réparation : *Agnus Dei qui tollit peccata mundi*. Dans la donnée chrétienne, la résurrection du Christ aurait coïncidé tout à la fois avec l'équinoxe du printemps et une pleine lune. C'est pourquoi, ce jour ayant dû être placé un dimanche, par suite des trois jours passés dans le tombeau, le concile de Nicée, en 325, décida que la fête de Pâques serait célébrée le premier dimanche après la pleine lune qui suit le 20 mars, ce qui paraissait mettre à peu près d'accord les trois éléments que nous venons de dire. Si, comme il y a lieu de le conjecturer, sans prétendre le moins du monde par là mettre en doute la Passion, le jour où était immolé l'agneau pascal répond bien au « jour solennel et célèbre » où les Égyptiens immolaient le bélier, il en faut conclure qu'en Égypte le commencement de la période se prenait originairement d'une pleine lune équinoxiale. Notre conjecture se fonde sur des faits dont l'élucidation n'est possible qu'à une condition. Il faut avoir présent à l'esprit : que la notation hiéroglyphique, en tant que s'appliquant à l'ordre des saisons, ne peut dater que de l'introduction d'un système où l'on chercha à mettre d'accord le soleil avec la lune; et, en second lieu, que, si le début d'une période moitié lunaire et moitié solaire à l'équinoxe suppose cet essai de conciliation, ce ne peut être par là que l'on ait commencé. Avant d'arriver à la composition d'éléments d'où est sortie la période du Phénix proprement dite, il y a donc eu un autre système exclusivement lunaire et nocturne, sur lequel s'est superposé l'oiseau mystérieux. C'est ce système qu'il nous faut expliquer, pour faire comprendre celui qu'une transaction y a peu à peu substitué.

Le règne des puissances de la nuit, en Égypte, a été premier : il apparaît dans un arrière-fond crépusculaire, où l'on aperçoit très distinctement Isis trônant en souveraine absolue. C'est sur une base isiaque, en effet, que repose l'antique civilisation égyptienne. Or, Isis a d'abord été la nuit primordiale, du sein de laquelle tout est sorti, une vierge noire, *nigra sed formosa ;* puis elle a été la Terre-Mère, Vierge encore d'abord, avant que le mâle se posât ; et quand est venu le sidérisme, corollaire de l'idée primitive de Chaos, elle a pris, dans la spécification du ciel nocturne, la première place, celle de Sirius, comme Reine des étoiles. Cette étoile, d'après Plutarque, avait la prééminence sur toutes les autres, même en Assyrie, où Oromaze, dit l'auteur grec, l'avait établie souveraine du ciel (1). Enfin le mâle se pose, et Isis, mère fécondée, devient, sans sortir encore de ce même ciel nocturne, l'associée du dieu Lunus. De la lune, dit Plutarque, partait une lumière fécondante, qui venait toucher Isis, dont la faculté génératrice était par là excitée. Comme Thoth, qui avait le croissant de la lune pour symbole, ainsi que nous l'avons déjà dit, fut

(1) *De Is. et Osir.*, 47.

aussi ce dieu lunaire fécondant, quand Isis était seule dans Sirius, où elle l'avait remplacé, et avant qu'elle s'associât à Osiris-soleil ; comme, en outre, le mois qui portait le nom de ce même Thoth était également consacré à l'étoile isiaque, il y a lieu d'inférer, ce nous semble, que le commencement de notre période a eu pour point de départ la conjonction mystique des deux principes mâle et femelle, représentés en Égypte, celui-ci par Sothis, du genre féminin, celui-là par Thoth, du genre masculin : le mâle et la femelle issus ici du dédoublement d'un neutre primitif, dans lequel Thoth et Sothis ne faisaient qu'un. Ce que nous avons dit de la divinité An des Chaldéens, à laquelle ce même Thoth-Seth avait été identique et dont nous allons retrouver la place en Égypte sur les lieux mêmes où venait se transformer le Phénix, prouve ce neutre originel et le dédoublement qui lui succéda (1). Considérée à ce point de vue, la période est un engendrement et se rattache de la sorte au système de transition du phallisme au sidérisme. Le temps, comme le monde, a son principe dans

(1) V. nos *Origines de la Religion*, t. I, ch. v.

un acte de génération : tel est le fait qui ressort de la manière dont l'idée de cause a nécessairement et fatalement été comprise par les premières spéculations religieuses. Nous sommes par là autorisé à émettre cette hypothèse, à savoir que, en Égypte, le temps est né de l'union du dieu Lunus et de la Reine du ciel nocturne, Isis ou le dédoublement femelle de Seth, et que ce symbolisme date de l'époque où de la Mère *neutrius generis*, la Vierge-Mère, le Chthonisme passa à la Mère fécondée. Par analogie avec ce que nous venons de faire entendre pour le lever héliaque de Sirius ou conjonction matutinale des deux astres mâle et femelle précités, on peut donc supposer que l'union en question répondait à un moment où, conformément à la loi de rétrogadation des nœuds lunaires, il paraissait y avoir occultation passagère de l'étoile d'Isis, à son lever achronique, par la pleine lune. L'occultation, non pas une occultation astronomique rigoureuse, répondant au moment déterminé par le calcul où le centre de la lune passe à une distance de l'étoile égale à la somme du demi-diamètre et de la parallaxe horizontale, soit $16' + 58' = 1^\circ 14'$, — calcul dont les éléments faisaient tout à fait défaut aux anciens,— mais une simple occultation apparente, devait produire l'effet d'une *compression* par obombration, comme dans le passage des Évangiles où, au sujet de la conception de Jésus, il est dit de la Vierge que la « vertu du Très-Haut la couvrit de son ombre (1). » Or, cette obombration n'était réelle qu'à la pleine lune ; c'est pourquoi l'hypothèse du commencement de la période, à ce moment pascal nous paraît préférable sous tous les rapports à celle d'un commencement à la néoménie. La première est, d'ailleurs, autorisée par la tradition dont la fête de Pâques a conservé le souvenir.

Si la mort du Phénix, comme le dit Pline dans le passage cité, *signifie l'échéance d'une longue période à l'équinoxe du printemps*, celle d'Osiris, qui en est l'équivalent cosmique sous une autre forme, doit avoir la même signification. Or, d'après Plutarque, les Égyptiens, « qui plaçaient, dit-il, la puissance d'Osiris dans la lune et lui donnaient pour femme Isis, » supposaient que la mort du

(1) Luc, I, 35.

dieu avait eu lieu quand la lune était dans son plein (1). « C'est le dix-sept du mois d'Athyr, dit-il, que la mythologie égyptienne place la mort d'Osiris : ce jour-là il y avait pleine lune. » Dans un autre endroit, après avoir raconté l'histoire du fameux coffre dans lequel Typhon enferma le dieu, Plutarque dit encore que cet événement arriva le dix-septième jour d'Athyr, qui est, ajoute-t-il, le mois où le soleil passe par le signe du Scorpion (2). Il y a là une erreur, mais une erreur instructive ; car, en confondant deux choses, la période commençant à l'équinoxe du printemps, qui est la plus ancienne et la base de toutes les autres, et celle qui s'y substitua plus ou moins immédiatement, la période dont le commencement avait lieu au solstice d'été, elle en confirme l'existence. Du temps de Plutarque, le premier Thoth, en dépit de la notation, ayant passé de l'équinoxe au solstice, Athyr pouvait fort bien se trouver en automne et répondre de la sorte au passage du soleil par le signe du Scorpion ; mais ce n'est pas ainsi qu'il faut in-

(1) *De Is. et Osir.*, 42 et 43.
(2) *Ib.*, 13.

terpréter. C'est le dix-septième jour de la lune printanière, c'est-à-dire le jour de la pleine lune du printemps, que mourut Osiris, à la fin, par conséquent, d'une période et au début d'une autre : ce fait est parfaitement établi et reconnu par l'auteur grec. Il faut donc, même d'après Plutarque, s'en tenir à l'ordre de la notation hiéroglyphique des saisons. Or, comme, selon cet ordre, Athyr terminait le printemps, il se trouva que, une fois le premier de l'an reporté au solstice, ce mois fut le dernier de l'année et put, conséquemment, une fin de cycle répondant à une fin de vie du dieu, passer pour le mois où mourut Osiris. Mais alors le soleil ne passait point par le signe du Scorpion. Quand, avec une année commençant au printemps, il passait par ce signe, ce ne pouvait être que dans le mois de Phamenoth, où, d'après la notation, commençait l'automne. Or, au chapitre XLIII de son Traité sur Isis et Osiris, le même Plutarque dit que, dans ce mois de Phamenoth, « au commencement du printemps », on célébrait l'entrée d'Osiris dans la lune et la *synousie* sexuelle du dieu avec Isis. La confusion des deux données mentionnées est ici évidente : si Phamenoth eût été au printemps, Athyr n'eût pu répondre au signe du Scorpion. Nous verrons un peu plus loin de quelle manière le commencement de l'année se déplaça et passa de l'équinoxe au solstice ; pour le moment constatons que, puisque la lune était pleine quand mourut Osiris, et que la synousie du dieu avec la déesse eut lieu au printemps, suivant la tradition rappelée par Plutarque, cette pleine lune vernale ne pouvait être que dans le signe opposé à celui du Scorpion, c'est-à-dire dans le signe du Taureau, qui a bien été, antérieurement au Bélier, plusieurs siècles avant Jésus-Christ, le signe répondant à l'équinoxe du printemps.

Comme les anciens, avant Hipparque, ignoraient le mouvement des étoiles fixes d'occident en orient, la tradition rappelée par Plutarque n'en a que plus de poids. Il est, du reste, fort probable que, de même que le dieu à tête de bélier, Amoun, datait, ainsi que nous l'avons laissé entendre plus haut, du moment où le soleil passa dans la constellation du Bélier, le bœuf Apis, qui était tout à la fois une image vivante d'Osiris et le symbole du taureau céleste, suivant Lucien (1), date de l'époque de ce dernier signe, en même temps que la période à laquelle il a donné son nom et dont il va être parlé.

Il serait difficile de préciser le moment où finit le Taureau et commença le Bélier. D'après les calculs des astronomes, comme l'équinoxe répond aujourd'hui au 4e degré de la constellation des Poissons et que le mouvement du ciel étoilé d'occident en orient est d'un degré de l'écliptique en 72 ans ou des 30 degrés d'un même signe du zodiaque en 2155 ans, le commencement du Bélier ne remonterait pas au delà de l'an 417 avant J.-C. Mais; si le calcul est exact, la donnée qui y sert de base l'est beaucoup moins. Les douze signes zodiacaux n'étaient point, à l'origine, partagés entre les 360 degrés de la zone comme ils l'ont été depuis, c'est-à-dire que les groupes d'étoiles composant chaque constellation différaient, d'un pays à l'autre, dans bien des cas, de nombre et de configuration. En Chaldée, d'où le zodiaque paraît bien être originaire, c'est le Bélier que l'on rencontre à l'équinoxe du printemps dès la plus

(1) *Astrol.*, 7.

haute antiquité, plus de vingt siècles avant notre ère. Il est, du reste, certain que, antérieurement à l'an 417, Hérodote trouva en Égypte le soleil dans ce signe, qu'il occupait depuis longtemps déjà, ainsi qu'en témoignent la fable racontée par cet historien et celle, assurément très ancienne, que rappelle Hygin, d'après Hermippus (1). Eudoxe de Cnide, qui vivait dans le quatrième siècle avant notre ère et avait été initié à la science de l'astronomie par les prêtres égyptiens, plaçait, à leur exemple sans doute, les points équinoxiaux et solsticiaux dans le milieu des signes, dont il reportait, par conséquent, le commencement à 15 degrés plus en deçà que nous ne le faisons nous autres, ce qui laisse supposer qu'ils avaient eu une autre forme et d'autres limites. Il y a tout lieu de croire que c'était bien là la vraie manière de diviser le zodiaque en Égypte. Comme il n'est pas admissible qu'on ait procédé, à l'origine, dans la dénomination des signes zodiacaux, en partant de 15 degrés avant l'arrivée du soleil dans chacun de ces signes, il faut conclure que,

(1) Hérodote, II, 42, et Hygin., *Poeticon Astronomicon*, II, *Aries*. Voir à la page 93 de ce travail.

du temps d'Eudoxe, le signe équinoxial était arrivé à peu près au milieu de sa véritable évolution. Les 15 degrés à compter avant les points équinoxiaux et solsticiaux étaient donc des degrés déjà parcourus. Lorsque Hipparque, deux siècles après Eudoxe, marqua le degré zéro du zodiaque et de l'équateur à l'intersection des deux cercles, il ne déplaça pas seulement des chiffres, comme le croit Delambre (1); ce fut une véritable réforme qu'il introduisit ou consacra de son autorité. Il prit le ciel, en effet, dans l'état où il le trouva au moment de ses observations, d'après une configuration zodiacale vague, et il fit sa carte en conséquence, mettant le commencement du Bélier au point d'intersection du zodiaque et de l'écliptique du moment, sans tenir compte du passé de cette même rétrocession des équinoxes, dont il a pourtant la gloire d'avoir découvert la loi. Le commencement du Bélier, qui, depuis la réforme d'Hipparque, est placé à l'an 417 avant J.-C., doit donc, quand il s'agit de chronologie égyptienne, être reporté au moins à 15 degrés en arrière, c'est-à-dire à l'an 1495. Par une sin-

(1) *Histoire de l'astronomie ancienne*, t. I, p. 123.

gulière coïncidence, que nous croyons devoir recommander à l'attention des égyptologues, la substitution d'Amoun, le bélier divin, au dieu générateur Khem, dans la haute Égypte, semble dater de cette époque. Khem et Amoun avaient été originairement associés dans le même culte ; ce n'étaient, dans le principe, que deux dénominations rivales d'une même idée, celle de la fécondation mâle. Schwenck (1) conjecture que la séparation eut lieu par le dédoublement du dieu en deux symboles, le bélier et le bouc, celui-ci affecté à Khem et l'autre à Amoun. Ils sont l'un et l'autre, dans leurs images, généralement peints en bleu, cette couleur ayant été, en Égypte, un emblème de la fécondation. Mais, quand Amoun est représenté avec la tête de bélier, le disque solaire fréquemment entre ses cornes, il est peint en vert, la couleur du printemps. De son côté, Khem, comme dieu printanier également, était représenté avec un entourage ou accompagnement de plantes. On pourrait croire, d'après cela, que la constellation du Bélier a eu originairement une double dénomination, celle de Bélier,

(1) *Die Mythologie der Ægypter*, p. 77.

qui est restée, et la dénomination de Bouc. Ce qu'il y a de certain, c'est que la ville de Chemmys, où était surtout adoré le dieu phallique Khem, était appelée Panopolis par les Grecs, d'où il y a lieu d'inférer qu'ils identifiaient ce même Khem avec leur dieu à pieds de bouc. Comme ils identifiaient également avec Pan le bouc de Mendès, nul doute que Khem n'ait été aussi un bouc par opposition au bélier Amoun. Fr. Nork dit, au sujet d'Aschima, le dieu-bouc de Hamath, que ce bouc avait en commun avec le bélier divin le même signe zodiacal (1). Pourquoi ne pourrait-on supposer que la séparation des deux aspects du générateur divin, Khem et Amoun, se fit au moment où la constellation dont il s'agit passa à l'équinoxe du printemps, le dieu prenant alors la tête du troupeau céleste sous la double forme qu'avait le signe zodiacal lui-même? Un fait est certain, c'est que, à la pleine lune pascale, on n'immolait pas seulement un bélier ou un agneau, mais qu'on pouvait encore, à la place, immoler un chevreau mâle (2), ce qui

(1) *Hebr. chald. rabbinisches Wörterbuch*, au mot *Aschima*.
(2) *Exode*, XII, 5.

semble indiquer, conformément aux rapports établis à la page 91, que le dieu à qui se faisait le sacrifice était aussi bien un bouc qu'un bélier.

CHAPITRE VIII

L'étoile isiaque ne paraît pas, néanmoins, avoir été, dans le principe, le brillant Sirius : nous croyons que la dénomination de Sothis a d'abord été appliquée à une autre. Nous savons, en effet, qu'une étoile de première grandeur du Poisson austral, Fomalhaut ou *alpha* de cette constellation, était, en Assyrie, l'étoile d'Oannès, et dans notre ouvrage sur les *Origines de la Religion* nous avons démontré qu'Oannès était la forme hellénisée d'An, la dénomination la plus ancienne de la divine Mère universelle *neutrius generis*, Om-An. Oannès, comme on sait, était une divinité ichthyomorphe, ce qui autorise à supposer que la constellation dont il s'agit lui doit même son nom. Ce nom était aussi, du reste, en Égypte, dans la forme neutre On et dans la forme féminine Anth, également usitées, celui de la ville d'Héliopolis, où avait lieu tous les cinq cents ans la transfiguration du Phénix dans le temple du Soleil, qui ne pouvait être ici, par conséquent, qu'une substitution à la place du symbole chthonien originel. An et Anth ou Anath, en effet, n'appartiennent pas aux cultes solaires : ces deux dénominations sont éminemment chthoniennes (1). D'autre part, Hygin laisse entendre qu'Isis était dans la constellation du Poisson austral quand elle devint mère (2), et Ératosthène, cité par cet auteur, dit que les hommes sont nés de ce poisson. Le poisson était, du reste, dans tout l'Orient, une image de la mère divine : la Dercéto des Philistins, la Vénus d'Aphaca et toutes les Vénus orientales. De là ressort, ce me semble, l'évidence de notre thèse : fécondation d'Isis, dans la constellation du Grand-Chien ou dans celle du Poisson austral ou An, par un astre supposé mâle, qui ne pouvait être que le dieu Lunus.

(1) Voir nos *Origines de la Religion*, t. I, ch. v.

(2) *Piscis, qui Notius appellatur, videtur ore aquam excipere a signo Aquario, qui laborantem quondam Isim servasse existimatur.* Poet. astron., l. II.

Actuellement Fomalhaut (1), l'étoile d'Oannès, n'est plus occultée par la lune ; mais elle l'a été dès les premiers temps de l'histoire d'Égypte. La déclinaison australe de cette étoile est aujourd'hui de 30° 22', et l'inclinaison de l'orbite de la lune sur l'équateur ne dépasse pas 28° 1/2, variant entre 28° 1/2 et 18° 1/2 dans l'intervalle de 18 ans 6/10 environ. Il ne peut donc y avoir occultation. Mais l'obliquité de l'écliptique, qui est présentement de 23° 27' 24", a été de plus de 24° et demi, suivant les observations chinoises et d'après celles qui ont été faites sur les pyramides de Gizeh par des astronomes anglais, ce qui, joint aux 5° 18' d'inclinaison de l'orbite lunaire sur le plan de l'écliptique, sans même tenir compte des 16' du diamètre de la lune et des 57' 40" de parallaxe horizontale équatoriale, autorise à affirmer qu'il y a bien eu un temps où Fomalhaut était périodi-

(1) *Fomalhaut* est un mot arabe, qui signifie la *Bouche du poisson*. Lorsque, en 1515, Pierre de Lichtenstein publia en latin l'*Almageste* de Ptolémée, ce qu'il fit paraître n'était qu'une traduction de la version arabe d'Isaac-ben Honaïn, qui date du milieu du neuvième siècle. Les noms arabes des étoiles, traduits eux-mêmes des noms grecs, ont été conservés dans la traduction latine et se sont de la sorte perpétués jusqu'à nous.

quement occulté ou, du moins, tout à fait obombré par notre satellite dans le parcours de l'orbite de ce dernier. A quelle époque cette occultation ou obombration a-t-elle pu avoir lieu ? Comme l'obliquité de l'écliptique diminue de 48″ par siècle, en admettant qu'elle fût de 24° 30′, sans fraction, dans les dernières périodes de l'occultation possible de Fomalhaut, le calcul nous reporte à 79 siècles en arrière, soit à six mille ans avant Jésus-Christ (1). Il y a tout lieu de conjecturer que l'obombration de Fomalhaut par la pleine lune, vers l'équinoxe du printemps, sinon son occultation proprement dite, demeura le point de début de la période jusqu'au moment où, par suite des changements survenus à la longue dans l'orbite lunaire, conformément à la loi rappelée plus haut, elle abandonna entièrement cette étoile et se fixa sur une autre de première grandeur, Sirius.

Dans ces conditions, étant donnés des éléments appartenant d'une manière exclusive au ciel nocturne, le type de notre période n'a pu être que le retour de la concordance de la pleine lune avec le lever achronique de Fomalhaut, d'abord

(1) 24° 30′ — 23° 27′ 24″ = 1° 3′ 24″ = 3824″ : 48 = 79, 70.

au printemps. C'est ce que prouvent l'association du dieu lunaire Thoth avec l'étoile d'Isis au premier de l'an et l'accord du premier mois, celui de ce même Thoth, avec le signe de la germination printanière.

On pourrait être tenté de croire que la première forme de l'année, en Égypte, fut, par conséquent, l'année sidérale. Quoique, avec ce système, l'ordre des saisons s'intervertisse à la longue, il fallait à des populations qui ne jugeaient encore que par leurs yeux beaucoup trop de temps pour s'apercevoir que cet ordre dépendait de la marche du soleil. La lunaison, qui est le mois lunaire synodique, et non plus sidéral, et qui était la base de l'année en question, suppose bien l'intervention solaire, mais le rapport qui existe entre les phases de la lune et les mouvements de l'astre du jour n'affecte pas la vue, et même on s'est imaginé longtemps que, en dehors des clartés de Phœbé, il n'y avait que des clartés engendrées ou des clartés d'emprunt (1). Néanmoins, c'est bien le soleil, au bout du compte, qui est le vrai régulateur du

(1) Plut., *De Is. et Osir.*, 12.

temps : la farandole céleste s'exécute suivant un rythme solaire, aux divins accords de la lyre d'Apollon. Qu'il s'agisse de l'année sidérale ou de l'année tropique, du temps que paraît mettre le soleil à revenir dans la même position par rapport aux étoiles ou de celui qu'il paraît mettre à revenir au même équinoxe, c'est toujours sur le mouvement apparent de l'astre du jour que se règle toute périodicité ayant, non plus le mois, mais l'année pour base. Il ne pouvait donc y avoir de période proprement dite avec les seuls éléments nocturnes dont il a été question, ou s'il en a existé une, on n'a pu, tant que la donnée solaire en a été exclue, la régulariser d'une manière précise. Les calendriers qui ne sont que lunaires, comme celui des peuples musulmans, ne connaissent rien de cyclique en dehors des lunaisons. Tout en donnant à la période du Phénix, qui a elle-même précédé la période caniculaire, le point de départ que nous venons de dire, nous devons donc conclure que la périodicité du retour du premier de l'an à la pleine lune printanière n'a dû être régularisé astronomiquement que lorsque le soleil a été introduit dans la société de Thoth et d'Isis. Jusque-là le calendrier n'eut rien de fixe et la fête pascale de la Résurrection de la nature dut se célébrer, à peu près comme la nôtre, quoique en dehors de tout comput, tantôt dans le cours de la douzième lunaison, tantôt dans le cours de la treizième. La régularisation de cette Pâque en Égypte est postérieure à la formation du zodiaque, dont elle suppose la donnée, et le zodiaque lui-même, disposé, comme on sait, suivant le plan de l'orbite solaire, a pour base l'écliptique, c'est-à-dire l'ordre de la marche apparente du soleil.

Une autre preuve de l'intrusion de l'astre du jour dans le lit nuptial du dieu Lunus et de Sothis, au moment où se régularisa la période, c'est la notation. Nous avons déjà fait entendre que la division des saisons dans l'ordre que cette notation suppose et qui n'était, en Égypte, qu'une sorte de tripartition à moitié mystique du plan zodiacal, devait être nécessairement contemporaine de la formation du zodiaque, avec l'écliptique pour base, l'un et l'autre divisés en 360 degrés, et dater, par conséquent, de la première forme donnée à l'année solaire, celle des 360 jours dont il a été question. Nous savons, d'ailleurs, que, lorsqu'Isis régnait seule, cause première et absolue, bien avant la naissance du Soleil, le système hiéroglyphique n'était pas encore fixé : il ne le fut que plus tard. Les hiéroglyphes les plus anciens témoignent de la royauté souveraine du Jour. Le système graphique égyptien ne doit pas remonter au delà de la troisième dynastie ; il appartient donc à l'histoire des rois fils du Soleil. Le sarcophage royal de la Chambre haute, dans l'intérieur de la grande pyramide de Gizeh, n'ayant aucune inscription, on en a conclu que l'écriture n'existait pas encore à l'époque où fut construit ce monument. Tous les autres sarcophages égyptiens, en effet, sont couverts d'hiéroglyphes. D'un autre côté, Champollion-Figeac (1) fait remarquer que le nom de la ville de Memphis, écrit phonétiquement dans les textes hyéroglyphiques, a pour caractère déterminatif spécial la figure d'une pyramide placée avant même le caractère déterminatif générique qui signifie « ville », d'où

(1) *Égypte ancienne*, p. 284.

il infère avec raison que, lorsque l'orthographe du nom de Memphis fut réglée, les pyramides voisines de cette ancienne capitale existaient déjà et pourraient bien avoir précédé l'usage de l'écriture. La notation hiéroglyphique des saisons, comme tout le reste du système, est donc, elle aussi, d'origine solaire.

Et maintenant, quelle a été la première forme de la période dont nous venons de faire connaître les éléments?

Lorsque l'Osirisme, né sur les bords du Nil, dans la Basse-Égypte, et exclusivement égyptien, se trouva en contact avec la donnée sothiaque, venue avec Seth, Thoth, An, Anath, et le Phénix lui-même, de contrées plus à l'Orient, il y eut d'abord compromis, et les deux systèmes se pénétrèrent tellement l'un l'autre, réciproquement, qu'il n'est pas facile aujourd'hui encore de reconnaître ce qui fut l'apport de chacun. On peut croire, néanmoins, que l'Osirisme modifia la donnée sothiaque en ce sens, que, de neutre qu'elle était, ainsi que nous l'avons démontré, elle en fit quelque chose de double, mâle et femelle, où ce dernier côté, néanmoins, prévalut d'abord avec la dénomination d'Isis. Quand cette dénomination eut tout à fait refoulé celle de Thoth, d'ailleurs très vague, flottant entre les deux genres et allant de Sirius, devenu femelle avec Isis, à la lune imaginée comme fécondateur mâle, il ne lui fut pas difficile de subordonner Thoth à son parèdre à elle, de même origine ethnique, Osiris. C'est ce qui explique comment il se fait que ce même Thoth, de la haute signification originelle duquel le calendrier est là pour rendre témoignage, n'a pourtant, dans le Panthéon égyptien, qu'une place de second ordre, place qu'il n'a même conservée qu'en abdiquant la souveraineté, plus sage en cela que Seth, dont il est resté comme la réfraction. Thoth est plutôt un révélateur de Dieu que dieu lui-même, une sorte de Verbe. C'est lui qui a créé toutes les formes de la création : l'ordre dans le monde est son œuvre. Mais le dieu véritablement dieu, la substance divine, c'est un autre, et cet autre est ici Osiris, dont le caractère de dieu substitué ressort évidemment de cette singulière transformation de la donnée sothiaque. Osiris, comme Thoth, fut donc aussi un dieu

Lunus, régulateur d'ordre cosmique, mais avec une physionomie demi-solaire bien marquée. Les vingt-huit ans de règne ou de vie qu'on lui attribue répondraient, d'après Plutarque, aux vingt-huit jours que met la lune à opérer sa révolution (1). Son nom, en égyptien Hesiri, « l'œil ou la prunelle d'Isis », le désigne comme l'œil de la nuit. Mais en même temps que, vis-à-vis d'Isis, il avait pris la place de Thoth et qu'il était une lune mâle, un principe de fécondation, suivant la remarque du dernier auteur cité, il avait aussi quelques traits solaires : tout ce qu'il y avait de bon et de propice dans le soleil était compris dans le système osirien, auquel appartenait Horus, comme fils d'Osiris et d'Isis, le soleil blanc par opposition à Typhon, qui était le soleil rouge. Les Grecs, qui voyaient dans Thoth leur Hermès, avaient identifié Osiris avec leur Dionysos, ce qui prouve qu'ils reconnaissaient en lui un fécondateur à demi solaire. Nous n'insisterons pas davantage sur le caractère de ce dieu, caractère, d'ailleurs, très ondoyant et mobile, qui semble refléter la physionomie même de la terre

(1) *De Is. et Osir.*, 42.

d'Égypte, avec sa géographie, son histoire et ses mirages. Il nous suffit, pour l'objet que nous avons en vue, d'avoir montré que, comme régulateur cosmique, il avait bien succédé à Thoth, en ajoutant quelques traits solaires à la physionomie originelle de cette dénomination.

Or, en cette qualité, Osiris avait son symbole dans le bœuf Apis. « Apis, dit Plutarque, est l'image vivante d'Osiris ; il naît au moment où une lumière fécondante part de la lune et vient frapper la génisse, dont les désirs sont excités. C'est pour cela encore qu'Apis a plusieurs traits de ressemblance avec la lune (1). » Pline, parlant de la tache blanche qu'il portait sur le côté droit, dit qu'elle avait la forme du croissant de la lune (2), et d'après Élien (3), le nombre des signes ou taches qu'il devait avoir sur lui était de 29, répondant aux 29 jours de la lunaison. Le scholiaste de Ptolémée dit, de son côté, que la sueur, sur le corps d'Apis, croissait et diminuait avec la lune, ce bœuf étant en relation

(1) *De Is. et Osir.*, 43.
(2) *Hist. nat.*, 8, 71.
(3) 11, 10.

avec la lune aussi bien qu'avec Osiris. Suivant Diodore de Sicile (1), Osiris aurait eu pour symboles les deux bœufs sacrés Apis et Mnevis, et d'après Théodoret (2) et Ammien Marcellin (3), le bœuf Mnevis, qu'on adorait à Héliopolis, était un emblème solaire, tandis qu'Apis était un emblème lunaire. Porphyre, cité par Eusèbe (4), prétendait même qu'Apis était tout à la fois lune et soleil.

Dans ces conditions, nous ne faisons aucune difficulté de donner pour origine ou plutôt pour point de départ à la période sothiaque, telle qu'on la connaît, une combinaison cyclique double, comprenant ensemble les années d'Apis et le fameux cycle de trente ans désigné sous le nom de triacontaétéride dans l'inscription de Rosette.

Essayons de prouver cette thèse.

(1) 1, 21.
(2) *Troisième discours aux Grecs.*
(3) 22, 14.
(4) L. VI.

CHAPITRE IX

Ce qui vivait dans le bœuf Apis, c'était l'âme d'Osiris lui-même, qui, ainsi que s'exprime Diodore, passait d'un Apis à l'autre. Il n'est donc pas douteux qu'une vie d'Apis ne répondît à une année d'Osiris et ne fût une période osirienne. Comme le bœuf sacré vivait ou était censé vivre 25 ans, les 25 années de la période sont bien le cadre même de cette vie.

Plutarque, qui fait, lui encore, d'Osiris tout à la fois un aspect du soleil et une lune mâle, dit que, dans leurs hymnes sacrés en l'honneur de ce dieu, les Égyptiens invoquaient « celui qui est caché dans les bras du soleil », et que, le trente Epiphi, jour où le soleil et la lune étaient en conjonction, ils fêtaient la naissance des yeux d'Horus, parce qu'ils regardaient non seulement la lune, mais encore le soleil comme étant l'œil et la lumière de ce même Horus. Le compromis luni-solaire ressort assez clairement de là. Comme, avec une année lunaire de 354 jours, cette conjonction des deux astres a lieu à la fin de chaque lunaison, il est bien évident que, en la plaçant au 30 du mois Epiphi exclusivement, Plutarque a eu l'année solaire en vue. Or, avec une année vague comme était dès la plus haute antiquité l'année des Égyptiens, le soleil et la lune ne se rencontraient sur la même ligne, un même jour du mois, que tous les 25 ans. Dans l'*Almageste* de Ptolémée (1), on trouve des tables pour le retour des nouvelles et pleines lunes, disposées de 25 en 25 années égyptiennes; comme 309 mois lunaires synodiques sont, à une heure 8 à 9 minutes près, égaux à 25 de ces années, il s'ensuit que, au bout d'une semblable période, on avait de nouveau les phases de la lune aux mêmes jours de l'année erratique en question, et cela pendant plusieurs siècles.

Le retour du commencement de l'année,

(1) L. 6.

non plus de l'année lunaire originelle, mais de l'année solaire, à la pleine lune printanière pouvait donc s'effectuer tous les vingt-cinq ans. Il résulte de là que la période d'Apis était bien, comme nous l'avons dit, une période luni-solaire et qu'elle date de l'époque où, suivant une image égyptienne, la lune fut agrandie. Jusque-là il ne dut guère y avoir en Égypte d'autre période que la lunaison proprement dite, et l'année commençait, comme chez les peuples qui ont fait usage d'un calendrier lunaire tant bien que mal mis d'accord avec les saisons, tantôt après la douzième de ces lunaisons, tantôt après la treizième. Lorsque la notation fut introduite, avec sa division en tétraménies ou saisons de quatre mois de 30 jours chacun, l'agrandissement de la lune avait déjà eu lieu, et l'année était celle de 360 jours, au moins, dont il a été question. La lune, ainsi que cela ressort du signe hiéroglyphique employé pour désigner le mois, un croissant, était bien à la base de cette notation ; mais le disque solaire, qui figure dans l'hiéroglyphe des 5 jours épagomènes de l'année vague de 365 jours, confirme l'origine luni-solaire de la période apienne, dont cette année était, de son côté, la base incontestable. De même que l'écriture, la période en question date donc des premières dynasties.

Nous venons de dire que le point de départ du grand cycle sothiaque était double, et que, outre les 25 ans de la vie d'Apis, il y avait à tenir compte d'une autre donnée qui était même la donnée fondamentale. Le début du système n'était pas, en effet, marqué seulement par le retour du 1er Thoth d'une année vague à la pleine lune du printemps; il fallait aussi que cette pleine lune, ce même 1er Thoth, se trouvât de nouveau en conjonction avec l'étoile isiaque, de manière à l'occulter ou, du moins, à l'obombrer : c'était la condition essentielle, le nœud de tout le drame. Toute période était une vie de dieu ; comme la vie, elle avait pour origine un acte de génération, et cet acte s'accomplissait dans le secret de la nuit. C'est au sein de la nuit, du reste, non seulement dans les idées du peuple égyptien, mais dans celles de la plupart des peuples, que toutes choses ont été conçues ; c'est d'elle qu'elles sont nées :

« De la Nuit sont sortis l'Éther et le Jour : elle les a conçus dans son sein et les a enfantés, en s'accouplant avec l'Érèbe (1). »

Or, le mystère de la conception par le *concubitus* du dieu Lune avec Isis ne se présentait pas concurremment avec le retour des mêmes phases lunaires aux mêmes jours de l'année vague. Quand ce retour avait lieu, au terme des 25 années d'Apis, la notation, basée sur une sorte d'année tropique, concordait bien de nouveau avec l'ordre des saisons ; mais, comme l'obombration de l'étoile isiaque ne pouvait revenir qu'avec le retour de la lune à son même point de déclinaison et un même jour d'une année sidérale, la pleine lune printanière de la vingt-cinquième année de la période apienne n'était plus au point voulu pour l'occultation, et le lever achronique de l'étoile n'accompagnait pas nécessairement le lever de cette pleine lune. La vitesse de rétrogradation des nœuds de l'orbite lunaire est telle, que, en 6793 jours solaires moyens environ ou dix-huit ans et près de huit mois, ils ont parcouru la circonférence entière

(1) Hésiode, *Théogonie*, 123 et 124.

de l'écliptique et se retrouvent dans les mêmes situations relatives. Dans le cours de ces 18 ans et 8 mois, la lune, après avoir promené son disque sur tous les points d'une zone de 10° 18' de largeur et traversé, par conséquent, des constellations différentes, peut revenir périodiquement pendant plusieurs siècles devant les mêmes étoiles des points extrêmes de son orbite. Que les 18 ans en question aient fait, dans l'antiquité, l'objet d'un comput astronomique, c'est ce qu'on ne saurait mettre en doute : les Chaldéens faisaient usage, en effet, pour calculer le retour des latitudes écliptiques de la lune, d'un cycle de 18 années solaires, qui n'est pas autre chose que celui dont il s'agit ici, moins la précision arithmétique. Il est possible que les Égyptiens aient eu également cette période, qu'ils auraient apportée d'Orient avec tant d'autres choses; mais on n'en a point jusqu'ici découvert de trace dans leur histoire. La période d'Apis est la plus courte de celles qu'on leur connaît. Or, quand, au début de ce dernier cycle, la lune se trouvait, par exemple, en conjonction avec Fomalhaut, à 30° de latitude australe, ce qui a fort bien pu avoir lieu, comme nous l'avons dit à la page 112, elle avait déjà, au terme de la période, occulté ou obombré de nouveau cette étoile depuis plus de six ans. Lorsque, par suite de la diminution de l'obliquité de l'écliptique, qui n'est plus aujourd'hui que de 23° 27', et, par conséquent aussi, de l'excentricité de l'orbite lunaire, la lune, dont l'inclinaison ne dépasse pas actuellement 28° 1/2, se fut assez éloignée de Fomalhaut, pour ne plus pouvoir l'occulter à aucun moment de sa révolution, l'obombration fécondante du dieu Lunus, nécessaire à l'enfantement de la période, dut chercher un autre objet, et c'est ce qui explique le passage d'Isis de Fomalhaut dans Sirius. Ce déplacement est rappelé par une image saisissante. Isis, à la recherche d'Osiris, que Typhon venait d'enfermer dans le coffre mystérieux et de lancer vers la mer, eut occasion, dit Plutarque (1), d'apprendre que son époux avait eu « par méprise » commerce avec Nephthys, leur commune sœur à l'un et à l'autre, « la prenant pour Isis : » elle en vit la

(1) 14.

preuve dans la couronne de mélilot qu'il avait oubliée auprès de Nephthys. Elle se mit à la recherche de l'enfant, que la mère, après lui avoir donné le jour, avait aussitôt exposé par crainte de Typhon. Isis le retrouva à grand peine, conduite par des chiens, qui la dirigeaient. Elle l'éleva, et il devint son « page » sous le nom d'Anubis.

Plutarque fait de Nephthys une Vénus Victrix, *Aphroditê-Nikê*, ce qui l'identifie à la divinité ichtyomorphe An et Anath, le type originel d'Isis elle-même, et il dit qu'on lui donnait aussi le nom de *Teleutê*. Ce mot, qui signifie la « dernière », ne convient déjà pas trop mal comme qualificatif à la dernière étoile que le dieu Lunus ait pu occulter à un moment donné. Quant à son caractère de divinité ichtyomorphe Énéenne, An et Anath, il est confirmé par le nom d'Anké, qu'on lui donnait en même temps qu'à Hathor, et qui était une des formes de celui d'An (1). A Latopolis, on vénérait, sous la dénomination d'Anké et sous la figure d'un poisson, une déesse qui n'était que le côté virginal de cette même Ne-

(1) Voir nos *Origines de la Religion*, t. I, p. 207 et suiv.

phthys. Plutarque, interprétant le mythe que nous venons de raconter d'après lui, dit que par Nephthys les Égyptiens entendaient les parties extrêmes de la terre d'Égypte, « celles qui sont voisines de la mer et qui en sont baignées, » et que pour cette raison on l'appelait « Teleutéenne » ou la « dernière ». Cette interprétation est contredite par l'histoire. Le poisson, en effet, qui fut, comme nous venons de le dire, l'emblème de cette divinité, était bien en honneur dans les nomes extrêmes de la terre d'Égypte, mais non pas du côté du nord et de la mer; c'était dans le midi, tout à fait à l'extrémité du pays, à Syène notamment, qu'on le vénérait surtout. Il ne nous paraît guère douteux, en conséquence, que la dénomination de « Téleutéenne » n'ait été appliquée originairement à Fomalhaut, du Poisson austral, qui était la dernière et la plus méridionale des grandes étoiles du Ciel égyptien. Nous savons d'ailleurs que cet astre avait été adoré en Asie sous les noms d'Oannès

(1) La constellation du Poisson austral, parfaitement visible en tout temps dans le sud de l'Égypte, s'élève très peu sur l'horizon de Paris.

et de Dagon, et en Égypte sous la forme d'un oxyrhinque et d'un phagre. Il devient par là possible d'expliquer d'une manière satisfaisante le reste du mythe. La couronne de mélilot, qui trahit l'adultère d'Osiris, pourrait bien figurer le rayonnement doré de Fomalhaut, par opposition à la couleur rougeâtre qu'avait alors et qu'a longtemps conservée, au témoignage des anciens, de Sénèque entre autres (1), l'étoile aujourd'hui si brillamment argentée de Sirius. Quant aux chiens qui conduisirent Isis dans ses recherches et lui firent retrouver son époux, ce ne sont sans doute, avec le dieu cynocéphale Anubis, rapprochés des autres circonstances du mythe, qu'une image de la constellation du Grand-Chien et de ses 66 étoiles. En laissant entendre que ce fut dans cette constellation qu'Isis retrouva Osiris, la tradition conservée, mais mal interprétée, par Plutarque nous semble assez clairement faire allusion au déplacement de l'étoile isiaque ou, comme se seraient exprimés les anciens, au dédoublement de cette étoile en Fo-

(1) « La Canicule (Sirius), dit cet auteur, est d'un rouge plus vif que Mars. » *Questions naturelles*, I, 1.

malhaut et Sirius, Nephthys et Isis, les deux sœurs ennemies, l'une épouse de Typhon et l'autre d'Osiris. Après avoir rappelé, au chapitre VII de son livre, le respect des Égyptiens du centre et du sud, notamment de ceux de Latopolis et de Syène, pour le poisson, Plutarque raconte, au chapitre 72, que les Oxyrhinquites, ayant appris que ceux de Cynopolis mangeaient de l'oxyrhinque (1), prirent des chiens, les immolèrent et en mangèrent comme chair de victimes. « De là, ajoute cet auteur, résulta une guerre, dans laquelle les deux populations se firent l'une à l'autre beaucoup de mal ; il fallut même, à la fin, que les Romains intervinssent énergiquement pour les mettre d'accord. » Cette guerre des dévots du poisson contre les dévots du chien, guerre que l'on voit fréquemment se reproduire un peu partout en Égypte entre adorateurs des dénominations rivales de divinités identiques au fond, est ici caractéristique. Elle confirme, croyons-nous, l'identité originelle des deux sœurs Nephthys et Isis, qui ne sont bien effectivement, comme nous l'avons dit, que

(1) On appelait ainsi une sorte d'esturgeon.

le dédoublement de la divinité ichthyomorphe An et Anké, et qui, ainsi dédoublées, se sont trouvées en opposition et en antagonisme, l'une dans la constellation du Poisson austral et l'autre dans celle du Grand-Chien.

Cette opposition, avant de prendre le caractère d'hostilité déclarée, avait été précédée d'un compromis. Une religion nouvelle ne supplante jamais brutalement celle qu'elle tend à remplacer : il y a toujours un peu de machiavélisme inconscient dans la façon dont elle procède. Ce n'est qu'au dernier acte, quand elle s'est approprié par une lente et habile assimilation les éléments de vie extérieure de sa devancière, qu'elle dresse la tête et prononce le fameux mot de la fin :

La maison m'appartient; c'est à vous d'en sortir.

Le christianisme lui-même n'a pas agi autrement. S'il lui fallait rendre aux religions païennes et aux différents systèmes théologiques et philosophiques tous les emprunts de liturgie et de doctrine qu'il leur a faits, il ne lui resterait pas grand'chose de sa charpente. Avant de disparaître et de s'effacer tout à fait devant les progrès envahissants de sa rivale, Fomalhaut lui demeura donc longtemps encore associée. L'obombration lunaire n'étant plus là pour la féconder, elle perdit peu à peu son privilège exclusif de mère divine ; le dieu Lune cessa en même temps d'être le père, et l'énergie mâle passa au Soleil. Tout cela, néanmoins, ne se fit qu'à la longue. Le lever du Poisson austral avec la pleine lune vernale ne signifiant plus rien, le commencement de l'année se déplaça insensiblement suivant une théorie idéale d'engendrement plus en rapport avec la réalité apparente : de l'équinoxe il passa au solstice. On avait remarqué que, ce jour-là, le lever du soir de Fomalhaut coïncidait avec le lever héliaque de Sirius, et l'on s'imagina sans doute que c'était le même astre qui réapparaissait sortant de la couche du Soleil : *cum te consumptum putaveris, orieris, ut lucifer* (1).

(1) « D'après les plus anciennes conceptions, fondées sur des illusions qu'un esprit inculte partage avec l'enfant, dit M. Ferd. Hoefer (a), il ne devait y avoir aucune continuité entre le ciel de la nuit, où brillent les étoiles, et le ciel sur

(a) *Hist. de l'astronomie*, p. 20.

La différence de latitude qui sépare les deux étoiles n'était pas un obstacle : dans une foule de sanctuaires de la mère divine, le déplacement était figuré par une mimique religieuse dans laquelle on croyait rappeler l'ascension ou assomption de l'épouse montant ou transportée périodiquement auprès de l'époux et venant ensuite reprendre sa place accoutumée, après la fécondation. Le fécondateur perdu était donc retrouvé ; mais ce n'était plus la Lune, c'était le Soleil. Désormais l'astre du jour allait régner en maître dans cette terre d'Afrique, où jusque-là il avait été tenu plutôt pour une divinité malfaisante, ce qu'il est aujourd'hui encore pour la plupart des populations noires. Les immigrés couchites, conquérants venus de l'Asie, adorateurs du soleil-roi, qui, en associant à Osiris le côté dionysiaque (1) de leur dieu, avaient

lequel s'était répandue la clarté du jour. Celui qui osa le premier soutenir que pendant le jour le ciel est parsemé d'étoiles aussi bien que pendant la nuit, et que, si nous ne les y voyons pas le jour, c'est qu'elles sont éclipsées par la lumière du soleil, celui-là fut certainement un observateur plein de génie et de hardiesse. »

(1) Dionysos (Bacchus) était un soleil équinoxial, principe de chaleur humide.

réussi à le faire accepter en Égypte, durent triompher le jour où ils purent dire, en s'appuyant sur une évidence : Le véritable et seul générateur de la vie des mondes, le voilà ; c'est le nôtre : *deus, ecce deus !* De là à l'exclusion totale de Fomalhaut il n'y avait qu'un pas, et ce pas, on le fit quand, par suite des changements de lever et de coucher des deux astres, on fut forcé de reconnaître que c'étaient bien deux choses distinctes.

Avant d'arriver, néamoins, à établir en fait cette distinction, avant d'opposer Nephthys à Isis dans une dualité antagonique, comme on opposa Typhon à Osiris, on dut essayer de bien des conciliations. La période d'Apis en était une ; la triacontaétéride en fut une autre. La première ramenait, au bout de vingt-cinq années vagues, les phases de la lune aux mêmes époques de l'année ; la seconde, la concordance du retour de Sirius dans le crépuscule du matin avec le 1er Thoth ou, en d'autres termes, la concordance du mystère de la conception avec le commencement de l'année et du cycle un même jour, ce qui faisait défaut à la période d'Apis.

Or, avec une année lunaire de douze lunaisons ou de 354 jours, cette concordance arrivait tous les trente-deux ans. En appliquant, eneffet, à l'année lunaire de 354 jours le même procédé que nous avons employé pour l'année solaire de 365 jours, nous trouvons que la variation du lever héliaque de Sirius par rapport au commencement de la première de ces années est de 365 jours 1/4, moins 11 jours 1/4. Il ressort de là que, lorsque Sirius revient au même point du ciel au terme de la révolution, il y a déjà 11 jours 1/4 environ que l'année lunaire est terminée. Par conséquent, au bout d'un cycle de 354 : 11 1/4, c'est-à-dire de 31 années lunaires 1/2, le retard sera d'une année lunaire complète, et la première lune suivante ramènera les coïncidences du début de la période, la lune et Sirius se retrouvant dans la même situation par rapport à nous un même jour d'une même saison. Or, trente-une années lunaires et demie, quand est venu le règne exclusif du jour, se sont trouvées réduites numériquement, et l'on a eu de la sorte une période solaire dite de trente ans en nombre rond. Ce n'est, en effet, que par années solaires qu'est comptée dans l'histoire la triacontaétéride égyptienne.

Dans la période d'Apis, basée probablement sur une sorte de *saros* de dix-huit années, comme dans la période de trente ans dont il s'agit ici, c'est bien la lune qui est principe; mais dans le premier cas, il y a combinaison de ses phases avec le cours du soleil, pour produire le retour du premier de l'an à la même pleine lune d'un même mois d'une année vague, tandis que dans le second cas il y a retour de la conjonction de l'astre fécondateur, lune d'abord et soleil ensuite, avec l'étoile d'Isis. Les deux conditions essentielles de la systématisation religieuse sothiaque, la concordance de la notation avec les saisons et le retour du 1er Thoth au jour de la conjonction originelle, ont pu de la sorte se maintenir assez longtemps, grâce à cette façon de compromis entre l'année tropique et l'année sidérale. Sans ce compromis, du reste, l'accord entre les deux données eût été impossible. Aussi cessa-t-il du jour où la donnée lunaire fut écartée et où le Soleil demeura seul en possession de la couche d'Isis. Nous avons vu, en effet, que le retour du lever héliaque de Sirius au 1er Thoth d'une année vague de 365 jours sans bissexte ne signifiait rien de ce qu'implique le principe même du mythe isiaque.

La période d'Apis et la triacontaétéride ne se conservèrent en Égypte que dans les souvenirs religieux du sacerdoce et dans les pratiques du culte; encore ces souvenirs et ces pratiques en avaient-ils singulièrement altéré l'idée fondamentale. Le sens de la seconde se perdit même tout à fait de bonne heure; car les panégyries de la trentième année, qui étaient assurément, à l'origine, des fêtes sothiaques, nous apparaissent dans l'histoire avec un caractère un peu vague. Il est bien vrai que, dans le composé Heb-Seth, employé pour désigner ces fêtes, l'hiéroglyphe du second terme n'est plus celui du dieu Seth; mais, quoique Lepsius et d'autres égyptologues croient devoir en inférer qu'elles n'avaient rien de commun avec cette divinité, nous n'en proposerons pas moins de considérer la différence des signes en question comme le résultat d'une équivoque. Si les monuments où figure le groupe hiéroglyphique dont il s'agit ici portaient des traces de grattage, comme nous en avons constaté pour les dieux Khem et Amoun, il n'y aurait dès lors plus de doute ; mais Lepsius ne paraît pas avoir rien remarqué de semblable, et, d'autre part, il assure avoir lu le groupe sur des monuments de la sixième dynastie. Il n'est donc pas possible de voir dans la différence des signes une substitution de l'époque où le dieu Seth était devenu un étranger et un ennemi. L'équivoque à laquelle nous faisons allusion doit, en conséquence, dater d'une époque où le système hiéroglyphique n'était pas encore fixé. Aussi haut que l'on remonte dans l'histoire d'Égypte, avons-nous dit au chapitre VIII, on y trouve établi le culte du Soleil comme principe premier et indépendant. Les hiéroglyphes les plus anciens sont eux-mêmes témoins de cette royauté. Il ne serait donc pas impossible que, dans Heb-Seth ou la « fête de Seth », le sens du dernier mot n'étant plus justifié par un état de choses réel, la tradition, quand furent introduits ou que se précisèrent les hiéroglyphes, ait rapporté ce mot à un radical homophone d'une signification différente. La période que la substitution du soleil à la lune avait faite de trente années solaires n'avait, en effet, conservé aucun de ses éléments primitifs et ne devait plus rien signifier. La lune ayant disparu, la triacontaétéride manquait de base, et tout le système s'effondrait : plus de lever de Sirius dans le crépuscule du matin au premier Thoth d'une année lunaire.

L'hypothèse que nous faisons nous paraît, en conséquence, parfaitement raisonnable. Seth, en tant que simple articulation, est bien le nom égyptien de Sirius; si, dans Heb-Seth, ce son est reproduit avec des signes différents de l'hiéroglyphe en usage pour marquer le dieu, cela peut tenir à ce que depuis l'introduction du système solaire, la fête de Seth ou du lever de Sirius dans le crépuscule au premier Thoth ayant été reculée, le sens primitif de ce terme, dans les panégyries de la triacontaétéride, était désormais perdu. Au lieu de l'image du dieu en question, puisque la présence de ce dieu n'avait aucune raison à la place dont il s'agit, l'hiérogrammate aura cru pouvoir employer l'image ou le signe d'un homophone ayant la signification de « flamme », parfaitement approprié, du reste, à la désignation d'un principe générateur de lumière. Dans tous les cas, le dieu Seth étant souvent désigné par de simples phonétiques, rien n'empêche de considérer comme tel le second terme en question.

La triacontaétéride, dont la durée nous a été révélée par l'inscription de Rosette et au renouvellement de laquelle étaient célébrées, comme au renouvellement de tout autre cycle, de grandes panégyries ou fêtes générales, remontait à la plus haute antiquité. Lepsius a constaté sur les monuments qu'elle était déjà en usage dès la sixième dynastie, ce qui, néanmoins, n'exclut pas l'hypothèse d'une origine plus ancienne. Les panégyries dont le retour de la triacontaétéride était l'occasion sont rappelées, du reste, non seulement par l'inscription rosettane, mais aussi par les hiéroglyphes. Ces fêtes portaient, comme nous venons de le dire, le nom de *Heb-Seth* ou « fêtes de Seth ». Les rois étant assez généralement qualifiés de « Seigneurs des fêtes de Seth », Bunsen (1) en conclut que le chiffre de trente années, comme moyenne de la vie humaine, pourrait bien avoir été choisi exprès, afin que chaque roi, à son tour, pût avoir l'honneur de présider, sous son règne, à un nouvel ordre de choses : *sol novus*, *novus ordo*. L'hypothèse est peut-être ingénieuse, mais rien ne la justifie. L'opinion que nous émettons nous paraît d'autant mieux fondée, que, outre les raisons déjà données, nous avons des faits positifs à l'appui. Le cycle d'Apis et la triacontaétéride, avons-nous dit, ont été en commun la base de la période sothiaque. Or, cette association des deux éléments, considérée indépendamment de tous les autres motifs d'ordre astronomique, nous semble ressortir de ce fait, que, à Memphis, le dieu qui présidait aux panégyries de la trentième année, Phtah ou Ptah, était associé dans un même culte avec le bœuf Apis, qui était tout à la fois le bœuf de Ptah et celui d'Osiris. Wilkinson (2) découvrit, sur le flanc d'une montagne, en Égypte, une image taillée dans la

(1) IV, 73.
(2) *Manners and customs of the ancient Egyptians*, I, 359.

pierre représentant un bœuf avec le disque solaire et des plumes entre ses cornes, et au-dessus l'inscription : « Ptah-Sokari-Osiris » ; de l'autre côté de la même montagne, l'image d'une vache avec une coiffure analogue et de longues cornes, surmontée d'une inscription portant le nom d'Isis. Ptah est même représenté quelquefois avec le manteau d'Osiris sur les épaules, le disque solaire sur la tête entre deux plumes, et les deux sceptres de coucoupha dans les mains repliées sur la poitrine (1). Dans la salle d'Apis, le taureau sacré portait les titres de « Vie nouvelle de Ptah » et de « fils de Ptah », et la vache dont il était né passait pour avoir été fécondée par une radiation de ce dieu (2). On attribuait la même vertu fécondante à Osiris comme dieu lune.

La période sothiaque, basée sur un fond lunaire et sidéral, a donc débuté avec des éléments nocturnes ; c'est dans la nuit qu'a eu lieu le mystère de la conception, et au sein de la nuit qu'a pris naissance le dieu qui vit dans le Cosmos :

(1) *Manners et customs*, etc. pl. 31.

(2) Emm. de Rougé, *Notice sommaire des monuments égyptiens du musée du Louvre*, p. 126.

Tu lumen de lumine,
Ante solem funderis ;
Tu numen de numine,
Ante diem gigneris.

CHAPITRE X

Aux cycles de vingt-cinq et de trente ans, dont il vient d'être question, se rattache la période du Phénix proprement dite. Nous avons exposé au chapitre V ce qu'il fallait entendre par le Phénix en général. C'était, à l'origine, comme on l'a vu, l'emblème de toute période de temps, cosmique ou symbolique. D'après Suidas (1), le mystérieux oiseau paraissait à Héliopolis tous les 654 ans ; selon Pline et Solinus, tous les 540 ans ; et d'après Hérodote, Horapollon, Apollonius, Aurelius Victor et la plupart des auteurs, tous les 500 ans (2). Les anciens s'accordent en outre à dire que, dans l'intervalle de ces retours à date fixe, il n'était pas

(1) Au mot Φοίνιξ.

(2) Hérod., II, 73 ; Horap., I, 25.

rare que l'on vît tout à coup apparaître un Phénix inattendu ; mais celui-là ne serait point venu d'Arabie et n'aurait pas été le véritable. Le Phénix se serait montré en Égypte pour la première fois, selon ce que rapporte Tacite, sous le règne de Sésostris, puis sous Amasis, d'où Suidas, qui compte 654 ans d'intervalle entre ces deux princes, infère qu'il revenait tous les 654 ans(1). On mentionne encore son apparition : 1° en l'an 310 avant notre ère, sous le consulat de C. Jul. Bubulcus Brutus et Q. Æmilius Barbula (2); 2° sous Ptolémée III Évergète, de l'an 246 ou 247 avant Jésus-Christ à 222 ou 221 ; 3° sous le consulat de Paullus Fabius et L. Vitellius, en 36 de notre ère, d'après Tacite (3), ou sous le consulat de Q. Plautinus et de Sextus Pa-

(1) De Sésostris à Amasis il y a beaucoup plus d'intervalle que cela. Du commencement de Sésostris, en 1571 av. J.-C., à la fin d'Amasis, au moment de l'invasion de Cambyse, roi des Perses, en 525, il s'était écoulé 1046 ans.

() Pline (*Hist. nat.*, X, 2) dit, après Manilius, que le consulat de P. Licinius et Cn. Cornelius eut lieu dans la 215e année de la période du Phénix. Dans un autre endroit (xxx, 3), le même auteur place ce consulat à l'an 657 de Rome, soit 96 av. J.-C. C'est donc bien à l'an 310 que remonte cette apparition.

(3) *Annales*, VI, 28.

pinius, en 38, d'après Cornelius Valerius (1). Nous avons, en outre, quatre médailles commémoratives frappées à l'occasion d'apparitions diverses du Phénix : une remontant à Trajan, qui régna de l'an 98 à l'an 117 de notre ère ; une seconde à Caracalla, qui régna de l'an 211 à l'an 218 ; les deux autres à Constantin Ier et à Constantin II, son fils, qui régnèrent, le premier de 323 à 337, et le second de 337 à 340. Comme ces différents retours ne peuvent, à des distances aussi inégales, avoir rien de périodique, les anciens avaient imaginé deux phénix, un vrai et l'autre faux. Tacite en fait lui-même la remarque. Après avoir rappelé les apparitions qui eurent lieu en Égypte sous Sésostris, sous Amasis et sous Ptolémée, « le troisième des Macédoniens qui régna sur ce pays », et mentionné celle qui arriva sous le consulat de Fabius et Vitellius, du temps de Tibère, il ajoute : « Entre Ptolémée et Tibère il n'y a pas eu tout à fait deux cent cinquante ans, ce qui a fait croire à quelques-uns que le dernier n'était point le vrai Phénix d'Arabie. » A plus forte raison eût-il

(1) Pline, *Hist. nat.*, X, 2. — Solinus, c. XXXVI.

suspecté l'origine de ceux qu'on suppose avoir apparu dans des intervalles aussi rapprochés que de Tibère à Trajan, de Trajan à Caracalla et de ce dernier à Constantin. Il est bien évident que la plupart de ces apparitions n'avaient rien de cyclique. L'idée de renouvellement des mondes qui s'attachait originairement au Phénix s'était repliée de ce premier sens, le seul naturel, sur un autre exclusivement métaphorique et arbitraire. Tout messie désiré, après une attente anxieuse, comme celle des derniers jours d'une période ou âge divin, produisait l'effet d'un Phénix. Soit conviction sincère, comme peut-être pour le cas de Ptolémée III et de Trajan, soit flatterie basse et servile, comme à l'égard de Tibère et de Caracalla, on honorait volontiers de ce nom des princes réputés sauveurs, ceux qui, à l'exemple d'Évergète, pouvaient passer pour des restaurateurs de la religion, ou encore d'affreux coquins dont on avait tout à craindre. On le prodigua, comme les Juifs celui de Messie, que l'historien Josèphe n'hésite pas à donner à Vespasien, un gros bourgeois lourd et avare, qui devait, pourtant, se prêter assez peu à l'idéalisation. L'expression : « C'est un Phénix », employée en pareilles circonstances, est donc aussi vieille que l'histoire.

Quelques modernes ont prétendu que les Égyptiens faisaient la distinction du vrai et du faux phénix : au premier, d'après G. Seyffarth (1), ils auraient donné le nom de *benno* et au second celui de *koli*. Les deux mots ont en effet existé dans la langue, mais ils ne désignaient pas deux choses distinctes ; c'étaient deux aspects d'un même objet. *Benno* répond aux mots coptes *béni*, *bînné* et *biné*, dont les deux premiers veulent dire « palmier », ce que signifie précisément le grec φοίνιξ (phœnix) (2), et le second désignait une sorte de grue. Quant à *koli*, c'était un terme qui s'appliquait tout à la fois à la période et au phénix lui-même. Il répond à l'hébreu *khol*, qui veut dire « cercle » et « cycle », de la racine *khoul* et *khil*, « tourner », et qui de

(1) *Die Phœnixperiode*, dans la *Zeitschrift der deutschen morgenlændischen Gesellschaft*, t. III, p. 63 et suiv.

(2) Le palmier n'a pas été un emblème cyclique en Égypte seulement : nous avons vu dans une note, p. 13, que, à Babylone, on attribuait à cet arbre 360 vertus, ces 360 vertus représentant les jours de l'année.

plus se disait du phénix. Le verset 18 du chapitre XXIX de Job, que la Vulgate traduit de la manière suivante : *In nidulo meo moriar, et sicut palma multiplicabo dies*, tous les commentateurs juifs, à l'exemple du Talmud (1), le traduisent ainsi : « Je mourrai dans mon nid, et je renouvellerai mes jours comme le Phénix. » Ce que le Talmud interprète par phénix, la Vulgate le traduit par *palma*, « palmier » ; le mot du texte, *khol*, a les deux sens, mais le contexte exigeait que l'on traduisît comme les Juifs. Voici au sujet de ce passage le singulier commentaire du Midrasch *Bereschith rabba :* « Tous les animaux mangèrent avec Ève du fruit défendu, à l'exception de l'oiseau *khol*, duquel il est dit : *Je multiplierai mes jours comme khol.* » Le rabbin Iarchi attribue également l'immortalité dont jouissait cet oiseau à ce qu'il ne goûta pas, dans le Paradis, au fruit de l'arbre qui porte la mort. Et un autre rabbin, toujours dans le Midrasch précité, dit qu'il vivait mille ans et que, au terme de cette période, il s'élevait de son nid un feu qui le consumait presque tout entier ;

(1) *Sanhedr.*, f. 108.

il n'en restait qu'un morceau de la grosseur d'un œuf, dont il se reformait un nouvel oiseau, qui continuait la vie de l'autre.

De ces faits il ressort que le *benno* et le *kholi* étaient un seul et même phénix et que la distinction établie entre un vrai et un faux n'a pas d'autre base que celle que nous avons dite. Nul doute, néanmoins, malgré l'emploi abusif qui a été fait de ce symbole, qu'il n'y ait eu une période cosmique du Phénix. Quant à sa durée, les témoignages les plus sérieux s'accordent à reconnaître qu'elle était de 500 ans. Les 654 années de Suidas, dont il a été question plus haut, sont le résultat d'un faux calcul, comme on l'a vu, et ne signifient rien. On en doit dire autant des 540 ans de Pline et de Solinus, ce chiffre variant avec les manuscrits, qui écrivent, les uns CXL, les autres CLX, d'autres même XLI et XL tout simplement. Il y a bien aussi les mille ans susmentionnés du rabbin Jannée, mais ce chiffre, comme une foule d'autres exemples, ne peut s'entendre que d'une durée indéfinie.

Étant admise la période de 500 ans, quelle en était la signification?

D'après Ideler (1) et d'autres, elle aurait répondu à un tiers de la période sothiaque, soit à un tour de tétraménie, de sorte que le commencement du cycle aurait tout simplement reproduit un commencement de saison. Mais en comptant 1461 années vagues pour la grande période cynique, on n'aurait, pour la vie du Phénix, que 487 ans, au lieu de 500. Gatterer (2), de son côté, supposant que les Égyptiens faisaient le mois synodique trop court de 6″, estime que la période de 500 ans avait pour but de remettre en équilibre le cycle d'Apis. Au bout de 20 de ces cycles, en effet, soit $25 \times 20 = 500$, on aurait ajouté un jour entier, qui était la différence survenue entre 20 fois 309 mois lunaires synodiques et 20 fois 25 années égyptiennes, et l'accord eût été ainsi rétabli. Néanmoins, comme dans les deux hypothèses, celle d'Ideler et celle de Gatterer, le renouvellement de la période n'aurait pas ramené le 1er Thoth à son point de départ et que la notation ne signifierait plus rien, nous devons les rejeter l'une et l'autre. Nous sa-

(1) *Chron.*, I, p. 183.
(2) *Chronologie*, p. 51.

vons, d'ailleurs, par les témoignages cités au chapitre IX, que, conformément à cette notation, le début du cycle du Phénix doit être placé à l'équinoxe du printemps. Le retour du 1er de l'an à cette époque étant, ainsi que nous l'avons démontré, une condition essentielle de ce début, au moins dans le principe, nous devons donc chercher autre part que dans les hypothèses énoncées l'explication du système. Des Vignoles (1) a été plus près de ce que nous croyons être la vérité : il est parti d'une année semi-solaire de 360 jours, et comme, au terme de 487 de ces années, soit 480 années juliennes, le 1er Thoth revient exactement au jour même du point de départ de la période, il a supposé que cette période n'était bien réellement que de 480 ans, le chiffre de 500 n'étant qu'un nombre rond indéfini. On a objecté à cela qu'il n'y avait jamais eu en Égypte d'année de 360 jours. Il n'en existe pas, en effet, dans l'histoire ; mais, si des Vignoles avait prévu l'objection, il aurait pu dire que tout concourait à faire supposer qu'il

(1) *Chronologie de l'Histoire*, II, p. 651.

en avait existé une à l'origine et que c'était précisément du nom Phénix qu'on la dénommait. Nous avons vu, en effet, que le palmier était un emblème de l'année. D'autre part, le mot grec φοίνιξ, que l'on a tout lieu de croire dérivé de l'égyptien, désigne tout à la fois le phénix et le palmier, et la Vulgate traduit par « palma » le mot que d'autres traduisent par « cycle » et par « Phénix ». Or, dans les Écritures des Babyloniens, avons-nous déjà dit (1), on attribuait au palmier, c'est-à-dire à l'emblème de ce même Phénix cyclique, 360 vertus, figurant les 360 jours d'une année qui a dû évidemment être en usage antérieurement à l'adjonction des cinq jours épagomènes. Nous estimons que c'est dans cette première forme que l'année a été introduite en Égypte, à une époque indéterminée, par les Proto-Sémites venus de l'Orient. Un fait, entre autres, autorise et appuie notre conjecture. Les cinq jours épagomènes étaient célébrés sur les bords du Nil, dit Plutarque (2), comme anniversaires de la naissance des dieux. Les dieux

(1) Voir p. 13.
(2) *De Is. et Osir.*, 12.

dont il s'agit ici, au nombre de cinq seulement, Osiris, Arouéris, Typhon, Isis et Nephthys, étant ceux en qui se résume le système religieux purement égyptien, leur introduction en groupe dans le calendrier, exclusivement à toutes les autres dénominations d'un culte plus ou moins local, semble indiquer une addition de l'époque qui suivit l'entrée des Chamites en Égypte.

Ce fait établi, voici l'explication qui nous semble la plus naturelle de la période de 500 ans.

Lorsque le 1er de l'an passa du jour de l'occultation de l'étoile d'Isis par une pleine lune vernale à celui du lever héliaque de cette même étoile, c'est-à-dire de l'équinoxe du printemps au solstice d'été, le premier tour de la période qui succéda ainsi au cycle d'Apis amena le 1er Thoth un quart de ce même cycle plus tard, soit après la trentième année et dans le cours de la trente et unième. De la sorte on avait, tous les vingt-cinq ans, le 1er Thoth à l'équinoxe du printemps, conformément à la notation, qui date, comme on le voit, d'avant la triacontaétéride, et, après chaque trentième année, on l'avait au solstice d'été. De là l'union intime d'Apis et de Ptah, que nous avons constatée au chapitre précédent. Dans l'un et l'autre cas, l'année était encore lunaire, mais la période était solaire, et c'est suivant l'ordre de la période qu'évoluait la notation hiéroglyphique et que les saisons étaient ramenées à leur point de départ; c'est dans ce sens que nous avons dit, au chapitre VIII, que la notation, comme les saisons, était d'origine solaire. Lors donc que la lune fut agrandie, selon une expression de Manéthon, déjà citée, ou, en d'autres termes, que l'année devint à moitié solaire, avec 360 jours au lieu de 354, on n'eut plus le retour périodique du 1er Thoth ni à l'équinoxe du printemps, après un cycle d'Apis, ni au solstice d'été, après un âge de Ptah; il fallut, pour que ce retour au point de départ de la période s'effectuât, un tour de 487 années de 360 jours. Puis, l'année étant devenue tout à fait solaire, quoique vague encore, par l'introduction des cinq jours épagomènes, le tour en question, au lieu de ramener le 1er Thoth, au début de la période suivante, dans la saison des pousses, conformément à la notation, le ramena à peu près au commencement de la deuxième tétraménie. Dans l'hypothèse du début à l'équinoxe du printemps, au terme d'un cycle d'Apis, les six ans et quelques mois de Ptah étant comptés comme partie de la vie du Phénix, on se trouvait arrivé juste au lever héliaque de Sirius. C'est donc avec la saison des récoltes qu'a dû commencer la période sothiaque proprement dite, supposée de 1461 années vagues, qui continua celle du Phénix. Là était, en effet, le 1er Thoth ; mais, en brisant avec l'ordre de la notation, la période perdit sa signification originelle, et les 487 ans de l'oiseau mystérieux ne représentèrent plus qu'une tétraménie d'un cycle dont le chiffre total a bien pu paraître, en effet, égal à trois fois 487, soit à 1461, mais qui était en réalité d'un peu plus de 1500 ans, ce qui faisait bien 500 ans environ pour l'âge du Phénix.

FIN.

TABLE DES MATIÈRES

CHAPITRE IV

CHAPITRE V

CHAPITRE VI

CHAPITRE VII

CHAPITRE VIII

CHAPITRE IX

CHAPITRE X

FIN DE LA TABLE DES MATIÈRES.

www.ingramcontent.com/pod-product-compliance
Ingram Content Group UK Ltd.
Pitfield, Milton Keynes, MK11 3LW, UK
UKHW020559180726
13838UKWH00001B/335